CheckAp

Aktiv verkaufen

Zusatzempfehlung – Zusatzverkauf

Kirsten Lennecke

2. überarbeitete Auflage

Mit 50 Tabellen und 4 Abbildungen

DAV Deutscher Apotheker Verlag Stuttgart

Anschrift der Autorin:

Dr. Kirsten Lennecke
Im Osterhöfgen 8
45549 Sprockhövel

Bibliografische Information der Deutschen Nationalbibliothek
Die Deutsche Nationalbibliothek verzeichnet diese Publikation in der Deutschen Nationalbibliografie; detaillierte bibliografische Daten sind im Internet über http://dnb.d-nb.de abrufbar.

ISBN 978-3-7692-4438-0

Birkenwaldstr. 44, 70191 Stuttgart
www.deutscher-apotheker-verlag.de
Printed in Germany

Druck: Die Stadtdruckerei, Gebr. Knöller GmbH & Co KG, Stuttgart
Umschlaggestaltung: Atelier Schäfer, Esslingen unter Verwendung eines Fotos von Mauritius Images, Mittenwald

VORWORT

Verkaufen ist eine kreative Tätigkeit, die weit darüber hinausgeht, gewünschte Arzneimittel für Kunden aus der Schublade zu holen oder Rezepte zu beliefern.

Es gibt im Verlauf eines Verkaufsgesprächs zahlreiche Gelegenheiten, durch Eigeninitiative den Gang und Erfolg des Verkaufs zu beeinflussen. Sie kennen sicherlich fast alle Ihre Möglichkeiten und doch setzen Sie sie nicht um? Aktives Verkaufen sei zeitraubend, sagen Sie? Es sei vom Kunden gar nicht erwünscht? Es sei von vornherein aussichtslos? Das sind wenig überzeugende Vorwände. Die Praxis wird sie widerlegen. Probieren Sie es aus!

Verkaufen macht Spaß! Für den Apothekenbetrieb gibt es zwei Hauptziele: auf der einen Seite das Zufriedenstellen des Kunden und auf der anderen Seite das Erwirtschaften eines Geschäftserfolgs. Man könnte meinen, die Ziele schließen sich gegenseitig aus. Wenn ich an den wirtschaftlichen Erfolg der Apotheke denke, scheine ich zwangsläufig negativ zu meinen Kunden zu stehen, denn die Kunden müssen quasi für meinen Erfolg zahlen. Von Seiten der Kunden sieht die Situation anders aus: die Kunden bezahlen für den Nutzen, den Arzneimittel ihnen liefern. Als erstes profitieren also die Kunden von ihrem Einkauf in Ihrer Apotheke; erst als zweites profitieren Sie. Diese beiden Ziele ergeben sich eines aus dem anderen. Aktives Verkaufen schafft also eine Situation, die allen Seiten nutzt – in der Sprache des Marketings entsteht eine Win-Win-Situation.

Bereiten Sie Ihren Erfolg in aller Ruhe vor. Sammeln Sie in Ihrem Apothekenteam Empfehlungen für alle typischen Situationen des Apothekenalltags und schnüren Sie indikationsbezogene Empfehlungspakete. Nach diesen Vorbereitungen können Sie sich in Ihren Beratungsgesprächen ganz und gar auf Ihren Kunden konzentrieren und ihm eine „Rundumversorgung“ anbieten, deren Nutzen Sie direkt auf Ihren Kunden abstimmten können. Freuen Sie sich mit jedem Kunden, dem Sie ein gutes Angebot machen. Er wird es Ihnen danken. „CheckAP Aktiv verkaufen“ kann Ihnen dabei helfen, Ihre Verkaufsgespräche zu optimieren.

Zur Fertigstellung dieses Büchleins danke ich den Lektorinnen Frau Antje Piening und Frau Dr. Christa Reiber für ihre Ausdauer und ihr Engagement in der Projektbegleitung und Frau Dr. Adriane Jorek für Korrekturen und Ergänzungen im Manuskript. Auch Ihre Verbesserungsvorschläge und Anregungen nehme ich gerne an. Schreiben Sie mir am besten unter k.lennecke@t-online.de, Betreff „Aktiv verkaufen“.

Dr. Kirsten Lennecke
Sprockhövel, Sommer 2007

INHALT

AKNE

K: „Ich hätte gerne Aknefug®-oxid. Geben Sie mir bitte die 25 Gramm-Tube."
A: „Ja gern. Eine gute Creme gegen Pickel und Mitesser! Kommen Sie gut damit zurecht?"
K: „Ja, ja, mein Sohn ist damit wohl zufrieden."
A: „Das ist gut! Zusammen mit der richtigen Hautreinigung und -pflege kann man damit Akne in den Griff bekommen. Wissen Sie, was er zur Gesichtsreinigung benutzt?"
K: „Na ja, unsere Seife natürlich. Zusätzlich benutzt er einmal in der Woche dieses Peeling. Ein paar Mitesser hat er eigentlich immer. Und manchmal ist die Haut stark gereizt. Aber das lässt sich ja wohl nicht ändern."
A: „Die Haut mild und gründlich reinigen ist besonders wichtig. Ich kann Ihnen z. B. die Pflegeserie von Widmer empfehlen."

Tipps für die Praxis:

Der erfahrene Kunde

- Kunden mit chronischen Beschwerden haben meist schon sehr viel aus dem Bereich der Selbstmedikation ausprobiert. Sie wissen genau, was ihnen hilft und was ihnen eher schadet. Fragen Sie nach ihren Erfahrungen. Nutzen Sie das Wissen dieser Kunden, um zukünftige Kunden besser beraten zu können.

- Kunden mit reichlich Erfahrung in der Selbstmedikation kennen sich auf dem Arzneimittelmarkt gut aus. Sie müssen Ihr Sortiment gut kennen, um ihnen zusätzliche Empfehlungen geben zu können.

Zusatzempfehlung bei Akne	Nutzen
Mildes Hautreinigungsmittel, Waschsyndets (z. B. Roche Posay Effaclar®, Dermowas®)	Vollständige Entfernung des überschüssigen Hautfetts unter Erhalt des Säureschutzmantels
Mildes Gesichtswasser (Widmer® Tonique facial)	Nachreinigung und Entfettung, auch Desinfektion
Peeling (Balneum® Lutsine Peelingcreme)	Bei unreiner Haut zur Abschilferung der oberen Hornschicht, zur Verfeinerung des Hautbildes
Gesichtsdampfbäder, warme Kompressen	Zur Verbesserung der Durchblutung, zur Verfeinerung des Hautbildes
Einmalwaschlappen (Duniwell®Waschlappen)	Um den für die Entzündung verantwortlichen Propioni-Keim nicht unnötig auf der Haut zu verteilen
Abdeckstifte (Vichy®Normaderm), getönte Tagescreme (Avène®Cleanance)	Zur kosmetischen Abdeckung von Pickeln und Mitessern
Ärztliche Therapie (Behandlungsmöglichkeiten z. B. mit Azelainsäure, Minocyclin, Retinoiden)	Bei unzureichender Wirkung der Präparate in der Selbstmedikation
Saunabesuche, Bewegung an frischer Luft	Zur Verbesserung der Durchblutung, zur Verfeinerung des Hautbildes
Eigene Ideen:	

Empfehlungen zum Thema Akne
- bei jungen Erwachsenen mit unreiner Haut
- bei Eltern mit Kindern in der Pubertät
- bei der Verordnung von Aknetherapeutika

ALLERGISCHE HAUTERKRANKUNGEN

K: „Ich hätte gern ein Soventol®-Gel."
A: „Ja gern. Sie nehmen es sicherlich gegen Insektenstiche?"
K: „Nein, nein! Sehen Sie mal: hier am Hals habe ich eine rote Stelle, die juckt die ganze Zeit. Manchmal bilden sich sogar Quaddeln."
A: „Haben Sie eine Idee, was die Ursache dafür ist?"
K: „Ich glaube, es ist diese Kette, die mir mein Enkel geschenkt hat. Es könnte aber auch der Blusenverschluss sein, hier dieser Druckknopf."
A: „Allergische Ekzeme auf Modeschmuck, aber auch auf Metallknöpfe, sind häufig. Soventol® kann schon eine erste Hilfe sein. Das Wichtigste ist natürlich, diese Kette abzunehmen und nicht mehr zu tragen. Ihr Enkel wird Ihnen nicht böse sein. Ich empfehle Ihnen zusätzlich im Wechsel eine entzündungshemmende Creme aufzutragen, damit die Rötung schneller verschwindet. Wenn der Juckreiz sehr stört, können Sie auch Tabletten einnehmen, die die allergische Reaktion unterdrücken. Wenn der Juckreiz sehr stark ist, hilft am schnellsten ein Gel, das die Hautoberfläche leicht betäubt."

Tipps für die Praxis:

Empfehlen Sie mit Weitsicht!

■ Empfehlen Sie über den Augenblick hinaus. Natürlich möchte der Kunde Hilfe gegen akute Beschwerden. Aber noch viel lieber möchte er diesen Beschwerden vernünftig vorbeugen, damit er sie nicht noch einmal behandeln muss.

Zusatzempfehlung bei allergischen Hauterkrankungen	Nutzen
Gele, Hautlotionen, Schüttelmixturen (Bepanthol®, Unguentum leniens, Zinkschüttelmixtur)	Zur Kühlung der gereizten, geröteten und meist erwärmten Hautstelle
Lokalanästhetika, wie Benzocain, Polidocanol (z. B. in Anästhesin®, Optiderm®)	Zur Stillung des Juckreizes
Hydrocortison-haltige Cremes (z. B. Ebenol®)	Gegen die Entzündung
Einnahme von Antihistaminika (z. B. Zyrtec®, Lorano®)	Zur Unterdrückung einer starken allergischen Reaktion, zur Senkung der Allergieneigung
Kalte Umschläge mit Sole oder Heilerde (Luvos®), Kompressen mit Kamille (Kamillosan®), Melisse, kühle Bäder mit Eichenrinde (Tannosynt®)	Zur Reizlinderung, gegen die Entzündung
Ärztliche Therapie (vor allem Cortison), Ursachenforschung (Allergietest)	Bei häufigen und/oder starken Beschwerden, die nicht in der Selbstmedikation behandelt werden können.
Zusätzlich: Vermeidung des Allergieauslösenden Stoffes, möglichst keine mechanische Reizung der Hautstelle	Zur Reizlinderung, zur Vorbeugung zukünftiger allergischer Erscheinungen
Eigene Ideen:	
Empfehlungen zu allergischen Hauterkrankungen - bei Patienten mit Neigung zu Allergien - bei Müttern junger Mädchen, die sich mit Modeschmuck schmücken - bei Patienten mit Hauterkrankungen	

APPETITLOSIGKEIT

K: „Mulgatol®-Gel, bitte. In welchen Größen gibt es das denn?"
A: „Wofür wollen Sie es denn anwenden? Und wer wird es denn einnehmen?"
K: „Es wirkt doch appetitanregend, oder nicht? Ich wollte es für meinen Mann kaufen. Wissen Sie, seitdem er im Krankenhaus war, hat er keinen Appetit. Der Arzt sagt, medizinisch sei jetzt wieder alles in Ordnung, aber er ist so schwach und mager geworden. Vielleicht kann ich ihn damit ein wenig aufbauen. Meinem Enkel hat das zum Beispiel sehr gut geholfen. Oder gibt es etwas Besseres?"
A: „Ihr Mann hat in der letzten Zeit also sehr wenig gegessen und Sie fürchten, dass er dabei auch zu wenig Vitamine zu sich genommen hat?"
K: „Genau, er hat einige Kilogramm abgenommen. Das liegt bestimmt am schlechten Krankenhausessen."
A: „Er fühlt sich schwach und Sie glauben, es ginge ihm besser, wenn er wieder ein bisschen Gewicht zulegte."
K: „Genau. Aber er hat einfach keinen Appetit! Was soll ich bloß machen?"
A: „Bewegt er sich denn im Laufe des Tages ein bisschen oder bleibt er im Haus?"
K: „Nein, er ist viel zu schwach. Ach, es ist ein Teufelskreis!"
A: „Das Mulgatol®-Gel ist ein Multivitaminpräparat. Es ist zwar eigentlich für Kinder konzipiert, aber im Prinzip eignet es sich natürlich auch für Erwachsene. Es bewirkt vor allem, dass ein Vitaminmangel wieder ausgeglichen wird. Dadurch, dass Ihr Mann in den letzten Wochen so wenig gegessen hat, hat er sicherlich

auch wenig Vitamine zu sich genommen. Es kommt jetzt darauf an, seinen Vitaminspiegel aufzufüllen, damit er leistungsfähiger ist. Um schnell wieder Kalorien, also Energie, aufzunehmen, auch wenn er im Moment keinen großen Appetit hat, bieten sich Aufbaunahrungen an. Es handelt sich um kleine Trinkpäckchen, die konzentriert Nährstoffe, Vitamine und Spurenelemente enthalten. Oft kommt dadurch auch der Appetit zurück. Zusätzlich gibt es noch andere Maßnahmen, die den Appetit beeinflussen. Es wäre gut für ihn, wenn er vor jeder Mahlzeit einen Verdauungstee trinkt. Er schmeckt etwas bitter, aber gerade diese Bitterstoffe sind in der Lage, die Bildung von Verdauungssäften anzuregen und damit auch Appetit zu wecken. Sehen Sie zu, dass Ihr Mann sich jeden Tag, so gut er es schafft, mindestens aber ein paar Minuten, an der frischen Luft bewegt. Gehen Sie mit ihm vor die Tür, wenn er es schafft, gehen Sie mit ihm einmal um den Block, nicht zu weit, aber ein bisschen Bewegung wird ihm gut tun.
Auf jeden Fall sollten Sie immer gemeinsam essen und für sich den Tisch schön decken. Denn Essen darf kein Zwang sein, sondern soll vor allem Spaß machen."

Tipps für die Praxis:

Ideenfindung im Team

■ Einige Indikationen scheinen sich für aktive Empfehlungen geradezu anzubieten, andere versperren sich ein bisschen. Aber im Prinzip eignen sich alle Indikationen dafür, dem Kunden zu zeigen, dass wir uns – gerne – um ihn kümmern.

Zusatzempfehlung bei Appetitlosigkeit	Nutzen
Multivitaminpräparate, Mineralstoffe, Spurenelemente (Additiva®, Centrum®, Orthomol®)	Um Mangel durch geringe Nahrungsaufnahme auszugleichen
Aufbaunahrungen (Fresubin®)	Um Energieaufnahme trotz geringen Appetits zu steigern, auch bei Kau- und Schluckproblemen
Bitterstoff-haltige Tees, Tropfen (z. B. Amara®-Tropfen, Iberogast®, Sidroga Magentee®, Wermut-, Enzian-, Tausendgüldenkraut-Tee)	Zur Anregung der Magensaft- und Gallenproduktion, zur Appetitsteigerung
Ernährungsberatung, Entwicklung eines Ernährungsplans	Zum Aufspüren von Fehlernährung
Ärztliche Therapie, Ursachenforschung	Bei anhaltender Appetitlosigkeit und weiterem Gewichtsverlust
Essen in Gesellschaft	Zur Erhöhung des Spaßes am Essen
Bewegung an frischer Luft	Zur Anregung des Stoffwechsels, zur Appetitsteigerung
Eigene Ideen:	
Empfehlungen zu Appetitlosigkeit - bei Patienten nach Krankenhausaufenthalt - bei pflegenden Angehörigen - bei Patienten nach Magen-Darm-Infekten	

Tipps für die Praxis:

Einstieg in die aktive Empfehlung

■ Auch wenn wir wissen, dass alle Kunden eine Empfehlung brauchen können, ergeben sich dadurch Empfehlungsgespräche noch nicht von selbst. Oft warten wir darauf, dass der Kunde von sich aus nachfragt. Tut er es nicht, läuft das Gespräch ab, ohne dass wir zu einer Zusatzempfehlung kommen.

■ Gewöhnen Sie sich an, jeden Wunsch als Aufforderung zu einer indikationsbezogenen Beratung zu verstehen. Stellen Sie zumindest eine Gegenfrage und bieten Sie dem Kunden damit eine Beratung an.

■ Mögliche Einstiegsfragen sind:
- „Das Mittel ist für Sie?"
- „Sie nehmen das Mittel gegen ...?"
- „Gegen welche Beschwerden nehmen Sie das Mittel?"
- „Welche Beschwerden haben Sie genau?"
- „Wie kommen Sie mit dem Arzneimittel zurecht?"
- „Wie hilft es Ihnen?"
- „Sind Sie mit dem Mittel zufrieden?"
- „Was haben Sie schon gegen Ihre Beschwerden unternommen?"

BLÄHUNGEN

K: „Ich hätte gerne Lefax®."

A: „Gerne. Ist das Mittel für Sie?"

K: „Ja, für mich. Wieso fragen Sie?"

A: „Ich frage Sie, um Sie gut beraten zu können. Haben Sie eine Idee, was die Ursachen für Ihre Blähungen sind?"

K: „Nicht genau, je nachdem, was ich so esse, leide ich mal mehr und mal weniger darunter."

A: „Nehmen Sie noch andere Arzneimittel ein?"

K: „Meine Blutdrucktabletten, aber die haben nichts mit dem Auftreten von Blähungen zu tun."

A: „Haben Sie gleichzeitig noch andere Beschwerden, wie z.B. Schmerzen im Bauch oder ein Druckgefühl?"

K: „Ja, das habe ich oft nach dem Essen, als würde das Essen zu lange im Magen liegen bleiben."

A: „Also, dann habe ich jetzt ein Bild von Ihren Beschwerden. Lefax® ist natürlich ein gutes Mittel, um Gasansammlungen im Magen-Darm-Bereich aufzulösen und Blähungen zu verhindern. Gut für Sie ist es, wenn diese Blähungen gar nicht erst auftreten. Deshalb würde ich Ihnen empfehlen, jeweils eine halbe Stunde vor dem Essen diese Amara®-Tropfen zu nehmen. Sie wirken anregend auf die Bildung von Magensaft und Galle, so dass die Nahrung schon ab dem Magen besser aufgespalten wird und sich gar keine unnötigen Gase bilden. Und damit Sie noch weniger Probleme mit Ihrem Darm haben, empfehle ich Ihnen diesen Anis-Fenchel-Kümmel-Tee. Sie können ihn jederzeit zwischendurch trinken. Er schmeckt gut und löst Blähungen auf natürliche Weise auf."

Zusatzempfehlung bei Blähungen	Nutzen
Dimeticon (z. B. Lefax®)	Gegen Gase in Magen und Darm
Bitterstoffhaltige Tropfen oder Tees (z. B. Amara®-Tropfen, Wermutkraut, Enzianwurzel, Tausendgüldenkraut)	Zur Anregung der Magensaft- und Galleproduktion, zur Verbesserung der Nahrungsverwertung
Kombination mit Verdauungsenzymen (z. B. Enzym-Lefax®)	Zur Prophylaxe gegen Gasbildung durch Verdauungsschwäche
Spasmolytische Tees oder Dragees (z. B. Pfefferminzblätter, Enteroplant®)	Zur Lösung von Darmkrämpfen, gegen Bauchschmerzen
Magenmotilitätsfödernde Tropfen (z. B. Iberogast®)	Zur Verhinderung von Völlegefühl und Magendruck
Butylscopolaminiumbromid in Tabletten (Buscopan®)	Bei starken Bauchkrämpfen zur Krampflösung
Warme Leibwickel, Wärmflasche	Wärme zur Krampflösung
Blähungstreibende Nahrungsmittel (z. B. Hülsenfrüchte) meiden. Sich ausreichend Zeit für die Mahlzeiten nehmen, Speisen gut kauen. Verdauungsfördernde Gewürze für die Mahlzeit verwenden (z. B. Kümmel). Ausreichend Trinken (ca. 2 Liter/Tag). Bauchmassage, Bewegung, Spaziergänge nach dem Essen.	Prophylaxe von Gasansammlungen Verbesserung, Regulierung der Verdauung
Eigene Ideen:	
Empfehlungen zu Blähungen - bei Patienten mit Verschreibung von Acarbose - bei Kunden mit Verstopfung - bei Patienten im Anschluss an Magen-Darm-Infekt - bei Patienten mit Reizdarmsyndrom	

BLASENENTZÜNDUNG

K: „Ich möchte dieses Rezept einlösen."
A: „Ja gern. Der Arzt hat Ihnen dieses Antibiotikum aufgeschrieben. Mit welchen Beschwerden waren Sie beim Arzt? Dieses Mittel wird meist bei Blaseninfektionen eingesetzt?"
K: „Genau, ich habe mir die Blase verkühlt. Das passiert mir andauernd! Glauben Sie mir, ich habe eine fürchterliche Nacht hinter mir! Ich hoffe, es hilft schnell?"
A: „Ja, das Mittel wirkt sehr gut gegen die Bakterien, die gerade in Ihrer Blase die Schmerzen und das Brennen verursachen. Bis heute Abend werden die Beschwerden schon deutlich nachlassen. Damit es Ihnen sofort besser geht, empfehle ich Ihnen, diesen Blasen- und Nierentee zu trinken. Trinken Sie mehrere Tassen über den Tag verteilt, so heiß wie möglich. Er wirkt auf zweierlei Arten, einmal wirkt er über die Wärme. Allein die Wärme wirkt auf die gereizte Blase bereits lindernd und entkrampfend. Das wissen Sie sicherlich, denn auch mit einer Wärmflasche oder mit einer Decke auf dem Bauch können Sie sich schon Linderung verschaffen. Auf der anderen Seite bewirkt der Tee, dass die Bakterien, die Ihnen so zusetzen, mit der Flüssigkeit ausgespült werden. Damit unterstützen Sie die Wirkung des Antibiotikums. Sie haben sicherlich mit Ihrem Arzt darüber gesprochen, was Sie machen können, um Harnwegsinfektionen zu vermeiden. Sie können z.B. regelmäßig Preiselbeersaft trinken. Jeden Tag ein bis zwei kleine Gläser – dadurch ändert sich die Zusammensetzung Ihres Urins so, dass Bakterien keine Chance haben, sich zu vermehren."

Zusatzempfehlung bei Blasenentzündung	Nutzen
Aquaretika als Tee oder in Drageeform (z. B. Birkenblätter, Sidroga® Blasen- und Nierentee, Cystinol® long)	Zum Durchspülen der Blase, zur Keimreduktion, Tee wirkt gleichzeitig wärmend und krampflösend
Desinfizientia (z. B. Cystinol® akut, Carito® mono)	Zur unterstützenden Keimreduktion der Blase
Spasmolytika (Buscopan®, Spasuret® 200)	Gegen die krampfartigen Schmerzen beim Wasserlassen
Wärmeanwendungen (Wärmflasche, heißer Tee, Sitz- oder Fußbäder)	Zur Krampflösung, zur Steigerung der eigenen Abwehr durch Wärme
Ausreichend viel trinken, empfohlene Menge über zwei Liter pro Tag	Zum Durchspülen der ableitenden Harnwege, zur Prophylaxe von Harnwegsinfektionen
Harnteststreifen (Combur® 5 Test HC, Uralyt U®-Indikatorpapier)	Zur Kontrolle des Harns auf Nitrit und Eiweiß, zur Kontrolle des pH-Werts
Ansäuerung des Harns (Acimethin®, Preiselbeersaft)	Um Wachstum der Bakterien zu verhindern
Arztbesuch Bei wiederholter Infektion: ärztliche Therapie mit Uro-Vaxom®	Zur antibiotischen Therapie Vorbeugung von rezidivierenden Harnwegsinfektionen
Inkontinenzprodukte (Tena®, Attends®)	Zur Absicherung bei Reizblase und Dranginkontinenz
Eigene Ideen:	
Empfehlung zu Blasenentzündung - in der Erkältungszeit - bei Antibiotika-Verordnung (z. B. eines Urologen, Gynäkologen) - beim Thema „Hausapotheke" oder „Reiseapotheke"	

BLASENSCHWÄCHE

K: „Ich hätte gerne Tena®-Vorlagen."
A: „Ja gern, wissen Sie, welche Größe Sie nehmen? Wie stark sind denn Ihre Beschwerden?"
K: „Nicht so schlimm. Nur manchmal habe ich einige Probleme, wenn ich mal einkaufen gehe. Dann ist es mir sicherer, wenn ich diese Vorlagen verwende."
A: „Für solche Notfälle reicht Ihnen sicherlich diese kleinere Größe aus. Sie wissen sicherlich, dass Sie zur Stärkung Ihrer Blase noch andere Sachen unternehmen können?"
K: „Ja, mein Arzt hat mir schon einmal eine Broschüre mitgegeben, in der gymnastische Übungen zum Blasentraining gezeigt werden. Aber damit konnte ich nicht soviel anfangen... "
A: „Dieses Beckenbodentraining ist eine sehr gute Sache. Gerade wir Frauen haben nach Schwangerschaften und durch die Senkung des Hormonspiegels häufig Probleme mit dem Erschlaffen der Beckenbodenmuskulatur. Zum Glück können Sie diese Muskulatur wieder trainieren. Gleichzeitig ist es für die Blase sehr wichtig, dass Sie viel trinken. Damit trainieren Sie Ihre Blase zusätzlich und spülen eventuelle Keime aus, die sich sonst in der Blase vermehren würden. Trinken Sie zwei Liter Blasen- und Nierentee über den Tag verteilt, und versuchen Sie regelmäßig, dreimal täglich auf die Toilette zu gehen, um Wasser zu lassen. Eine blasenstärkende Wirkung haben auch Kürbiskerne. Es gibt da ein Mittel, das speziell für Frauen auf dem Markt ist."

Zusatzempfehlung bei Blasenschwäche	Nutzen
Beckenbodentraining bei Stressinkontinenz (z. B. Informationsbroschüren von Arzneimittelherstellern)	Training der Haltemuskulatur zur Vermeidung von plötzlichem Harnverlust bei körperlicher Belastung wie Treppensteigen, Niesen
Ausreichende Flüssigkeitszufuhr (H&S Blasen- und Nierentee)	Zum Durchspülen der Blase, zum Blasentraining
Regelmäßige Blasenentleerungen	Zum Blasentraining, zur vollständigen Entleerung der Blase, zur Vorbeugung von Harnwegsinfektionen und Zuständen der Blasenreizung
Goldrutenkraut, Kürbissamen (Granufink®, Granufink® femina, Inconturina® mono, Nomon® mono)	Zur unterstützenden Therapie von Funktionsstörungen im Bereich der Blase
Spasmolytika (Buscopan®, Spasuret® 200)	Zur Entlastung der überaktiven Blasenmuskulatur
Inkontinenzprodukte	Zur Absicherung von heiklen Situationen
Arztbesuch	Zur Abklärung anderer Ursachen von Inkontinenz, zur Behandlung mit miktionsbeeinflussenden Arzneimitteln
Eigene Ideen:	
Empfehlung zu Blasenschwäche - bei Frauen nach einer Entbindung - bei Patienten nach Operationen im unteren Bauchraum - bei Patienten mit Erkrankungen, die häufig Blasenschwäche als Symptom zeigen (z. B. Parkinson, Multiple Sklerose)	

BLUTERGUSS

K: „Ich hätte gerne Mobilat®-Salbe."
A: „Ja, einen kleinen Moment bitte, ich hole sie Ihnen gern. Gegen welche Beschwerden möchten Sie sie benutzen?"
K: „Ich bin gestern im Dunkeln vor meiner Haustür ausgerutscht und habe jetzt einen großen blauen Fleck am Oberschenkel. Da ist diese Salbe doch die richtige, oder?"
A: „Ja, sie wird bei allen Arten von stumpfen Verletzungen, Stürzen, Prellungen, blauen Flecken eingesetzt. Sie haben hoffentlich die Stelle gleich gekühlt? Das hilft nämlich meistens, um den Bluterguss und die Schwellung klein zu halten."
K: „Ja, ich habe mir gleich ein paar Eiswürfel in einen Waschlappen gepackt. Obwohl diese Methode ja ganz schön umständlich ist. Gibt es da nichts Einfacheres?"
A: „Für diese Notfälle gibt es kleine praktische Kühlkompressen, von denen man immer zwei griffbereit im Kühlschrank haben sollte."

Tipps für die Praxis:

Was haben Sie schon gegen Ihre Beschwerden unternommen?

■ Wichtig ist die Frage, was der Kunde schon gegen seine Beschwerden unternommen hat. Wenn Sie ihm etwas empfehlen, was er schon erfolglos ausprobiert hat, wird er Ihrem Rat nicht weiter trauen!

Zusatzempfehlung bei Bluterguss	Nutzen
Heparinsalben (Heparin® ratiopharm Salbe)	Um den Bluterguss schnell wieder abzubauen
Kühlkompressen (Cold Hot Pack®)	Um bei einer akuten Prellung die Entzündungsreaktion im verletzten Gewebe so gering wie möglich zu halten
Aescin (Reparil®)	Zur Verhinderung größerer Schwellungen
Wärmende Salben (Thermo-Phlogont®)	Um die Umbau- und Reparaturvorgänge des Körpers zu beschleunigen
Antiphlogistische Salben und Sprays (Voltaren® Schmerzgel, Mobilat® Schmerzspray)	Gegen Schmerzen und Entzündungsreaktionen im Gewebe
Arztbesuch	Wenn Bewegungsbeeinträchtigungen auftreten, bei starken Schmerzen, bei großflächigen Blutergüssen, an empfindlichen Körperstellen
Tragen von festem Schuhwerk, Verbesserung der Beleuchtung etc.	Um zukünftige Unfälle zu vermeiden
Pflaster, Verbandpäckchen, Kompressen, Mullbinden, Idealbinde, Desinfektionsspray (Octenisept®), Wund- und Heilsalbe (Bepanthen®)	Um gegen alle Unfälle gut gerüstet zu sein
Eigene Ideen:	
Empfehlung zu Bluterguss - beim Thema „Hausapotheke" - beim Thema „Reiseapotheke", vor allem Sportreise, Skiferien, Wanderurlaub - bei Müttern mit Kindern - bei älteren Menschen mit Fallneigung	

DIABETES

K: „Ich hätte gerne diese neuen Zimtkapseln."

A: „Sie werben damit, dass sie den Zuckerspiegel senken. Wie hoch ist denn Ihr Zucker?"

K: „Nicht so hoch. Beim Arzt lag er letztens bei 130. Aber ich habe gehört, dass man vielleicht auf Zuckertabletten verzichten kann."

A: „Es hat tatsächlich ganz interessante Veröffentlichungen gegeben. Allerdings dürfen wir alle diese Ergebnisse nicht überbewerten. Sie dürfen auf jeden Fall Ihre Zuckertabletten nicht absetzen. Sie können höchstens versuchen, die Zimttabletten zusätzlich einzunehmen. Dabei sollten Sie regelmäßig Ihren Zuckerspiegel kontrollieren, morgens und vor und nach einer Mahlzeit. Haben Sie ein Blutzuckermessgerät zu Hause?"

K: „Ja, aber das benutze ich nicht oft. Die Teststreifen sind mir zu teuer."

A: „Die haben ihren Preis, das stimmt. Doch nur wenn Sie den Zuckerspiegel im Auge behalten, bekommen Sie ein Gefühl dafür, wie er auf Ihre Lebensweise reagiert. Auf die Einnahme von Zimt wird er vielleicht reagieren. Aber es gibt einen eindeutiger Zusammenhang zwischen Ihrem Gewicht und Ihrem Zuckerspiegel. Senken Sie Ihr Gewicht um drei Kilogramm im Vierteljahr, langsam, Schritt für Schritt. Die Abnahme von jedem Kilogramm verbessert die Blutzuckerregulation. Dafür lohnt es sich, einen Tag in der Woche auf eine Formuladiät umzusteigen und langfristig die Ernährung umzustellen."

Zusatzempfehlung bei Diabetes	Nutzen
Regelmäßige Blutzuckerkontrollen (Ascensia®, AccuChek®). Kontrolle auf Glucose im Harn (Combur® 2)	Kontrolle des Blutzuckerspiegels, Beobachtung des Einflusses der eigenen Lebensweise auf den Zuckerspiegel
Adsorbentien (Guarkernmehl: Guar Verlan®, Sucontral®, Bittermelonenfrüchte: Glucokine®)	Adsorption von Kohlenhydraten, Verhinderung von Blutzuckerspitzen
Gewichtsreduktion	Zur Verbesserung der Glucoseregulation und der Insulinempfindlichkeit
Raucherentwöhnung	Zur Verbesserung der Gefäßdurchblutung, zur Verhinderung von Spätschäden
α-Liponsäure (Thioctsäure, z. B. Thioctacid®)	Zur Verbesserung von Polyneuropathie
Fußpflege, Fußpflegeprodukte (Celyoung®, Eucerin® 10 % Urea Fußcreme)	Zur Pflege der Fußhornhaut, zur Vermeidung von Rissen, Infektionen und schlecht heilenden Wunden
Reichhaltige, harnstoffhaltige Hautpflege (Eucerin® TH Urea)	Zur Pflege der meist trockenen Haut von Diabetikern
Ausreichende Vitaminversorgung, Substitution durch „Diabetiker-Vitamine" (Medyn®, Kwai® Vitabetics)	Um einen erhöhten Vitaminbedarf auszugleichen, um erhöhte Homocystein-Spiegel zu senken
Regelmäßige Arztbesuche (auch Augenarzt)	Zur schnellen Reaktion auf krankheitsbedingte Gefäßveränderungen, Vermeidung von Spätschäden
Eigene Ideen:	
Empfehlung zu Diabetes - bei Patienten mit Übergewicht, Bluthochdruck, Fettstoffwechselstörungen, Gicht (mit metabolischem Syndrom)	

DURCHBLUTUNGSSTÖRUNGEN DER BEINE

K: „Ich hätte gerne Voltaren® Schmerzgel."
A: „Gerne, das habe ich gleich hier. Ist das Mittel für Sie? Gegen welche Beschwerden setzen Sie es ein?"
K: „Ich nehme die Salbe eigentlich immer, wenn ich Schmerzen in den Beinen habe."
A: „Wann treten denn die Schmerzen auf?"
K: „Immer wieder mal. Wenn ich lange sitze, beim Kaffeetrinken zum Beispiel. Aber auch, wenn ich ein Stück spazieren gehe. Dann muss ich manchmal vor den Schaufenstern stehen bleiben, bis die Schmerzen wieder abklingen."
A: „Was sagt Ihr Arzt dazu?"
K: „Ja, der hat gesagt, das seien Durchblutungsstörungen. Dagegen könnte man nichts machen. Deshalb helfe ich mir mit diesem Voltaren®. Das hilft eigentlich ganz gut."
A: „Das ist auch eine gute Salbe gegen Schmerzen. Aber das ist nicht alles, was Sie gegen Durchblutungsstörungen unternehmen können. Das Wichtigste ist die regelmäßige Bewegung. Das machen Sie ja wohl schon, wenn Sie öfter mal spazieren gehen. Gehen Sie regelmäßig, auch wenn es weh tut. Sprechen Sie noch einmal mit Ihrem Arzt darüber, der wird es Ihnen bestätigen. Gehen Sie jeden Tag, wenn möglich in einer flotten Geschwindigkeit. Versuchen Sie von Woche zu Woche ein Stück weiter zu kommen."
K: „Ja, aber das ist ganz schön mühsam...!"
A: „Das stimmt, es ist echte Arbeit. Aber das ist die einzige Möglichkeit, die Durchblutung der Beine zu verbessern. Rauchen Sie?"

K: „Nein, ich rauche nicht."

A: „Dann achten Sie auf jeden Fall zusätzlich auf Ihren Blutdruck, Ihre Fettwerte und Ihre Zuckerwerte. Je besser sie sind, desto besser sind Ihre Gefäße."

K: „Ja, das habe ich auch schon gehört."

A: „Zur Unterstützung können Sie noch Tebonin® einnehmen, ein Ginkgo-Präparat. Es wirkt so, dass die Sauerstoffversorgung des Gewebes, das hinter der Verengung liegt, verbessert wird. Die Schmerzen bessern sich, die Gehstrecke wird länger. Das Wichtige ist natürlich Ihr Training. Der Ginkgo-Extrakt kann Ihnen da nur ein bisschen helfen."

Tipps für die Praxis:

Zusatzempfehlung für alle!

- Zusätzliche Empfehlungen sind die konsequente Fortsetzung einer guten Beratung. Steigen Sie mit einer Frage in die Beratung ein.

- Wenn Sie den Arzneimittelwunsch des Kunden hören, wissen Sie noch nichts über den Kunden selbst und seine Bedürfnisse. Ein Schmerzmittel kann gegen Kopfschmerzen oder Zahnschmerzen sein, für den Ehemann oder die Nachbarin, für die Hausapotheke oder die Reise. Bieten Sie ihm eine Beratung an! Eine einzige Frage genügt meist!

- Sobald er darauf eingeht, haben Sie die Möglichkeit nach seinem Bedarf und seinen Wünschen zu fragen. Wenn Sie diese kennen, fällt eine Empfehlung leicht.

Zusatzempfehlung bei Durchblutungsstörungen der Beine	Nutzen
Ginkgo-biloba Extrakte (z. B.Tebonin® intens)	Zur Verbesserung der Sauerstoffversorgung des unterversorgten Gewebes
Knoblauchextrakte (Kwai® forte, Sapec®)	Um atherosklerotische Prozesse zu verlangsamen
Bewegungstherapie nach Rücksprache mit dem behandelnden Arzt	Um die Kapillarbildung anzuregen, um das unterversorgte Gewebe wieder mit Blutgefäßen zu versorgen
Raucherentwöhnung (Nicotinell®, Nicorette®)	Um die zusätzlichen Gefahren durch Gefäßverengung durch Nicotin auszuschalten („Raucherbein")
Gewichtsreduktion (Ernährungsberatung, Formuladiäten: Bionorm®, Modifast®) Umstellung der Ernährung auf fettarme, gemüse- und ballaststoffreiche Kost Alkohol vermeiden	Zur Entlastung der Beine, um Fettgewebe abzubauen und dadurch die Sauerstoffversorgung der Muskulatur zu verbessern
Eventuell Vitaminsubstitution (z. B. Medyn®)	Zur Senkung des erhöhten Homocystein-Spiegels, zur Senkung des erhöhten Atheroskleroserisikos
Wassertreten, Kalt-warme Wechselbäder	Als Gefäßtraining
Bei starken Beschwerden: Arztbesuch	Zur Abklärung zusätzlicher Heilbehandlungen
Eigene Ideen:	

Empfehlung zu Durchblutungsstörungen
- bei Patienten mit Diabetes
- bei Patienten mit Polyneuropathie
- bei Patienten mit Übergewicht
- bei Rauchern

Tipps für die Praxis:

Kunden wollen Zusatzempfehlungen!

■ Im Apothekenalltag mag es Ihnen so vorkommen, als wüssten Ihre Kunden über Gesundheit und Arzneimittel gut Bescheid und als wüssten sie genau, was sie brauchen. Das stimmt! Das bedeutet allerdings nicht, dass sie keine weiteren Empfehlungen möchten. Das Gegenteil ist der Fall: Sehen Sie es als Zeichen dafür, dass sich Ihre Kunden für weitere Informationen zum Thema Gesundheit interessieren.

■ Fragen Sie Ihre Kunden: 75 % aller Apothekenkunden würden sich über weitere Informationen und zusätzliche Empfehlungen freuen! Die restlichen 25 % erwarten nicht, dass sie von einer Empfehlung profitieren würden. Überraschen Sie sie!

■ Bieten Sie allen Kunden Ihre zusätzlichen Empfehlung an – drei Viertel aller Kunden warten darauf!

DURCHFALL

K: „Ich hätte gerne Imodium® akut."

A: „Gegen Durchfall, nicht wahr? Sind Sie davon betroffen?"

K: „Nein, noch nicht, aber mein Mann seit gestern."

A: „Was hat er denn bis jetzt dagegen unternommen?"

K: „Wir hatten noch ein paar Kohle-Tabletten. Aber besonders gut haben die ihm nicht geholfen."

A: „Die Kohle-Tabletten sind ein altes Hausmittel, was leider nur hilft, wenn man große Mengen davon schluckt. Besser und schneller wirken die von Ihnen gewünschten Imodium® akut. Sie wirken schnell und gut. Kennen Sie die Tabletten aus eigener Anwendung schon?"

K: „Ja, ich habe die Tabletten auch schon einmal eingenommen. Ein bisschen gestört hat mich, dass ich tagelang danach noch Probleme mit dem Magen und der Verdauung hatte."

A: „Verdauungsstörungen treten im Anschluss an eine Durchfallerkrankung häufig auf. Um sie zu vermeiden, empfehle ich Ihnen von Anfang an, die verlorenen Salze und die entsprechende Flüssigkeit wieder zu ersetzen. Dafür gibt es Granulatbeutel, deren Inhalt jeweils in Wasser aufzulösen ist und nach jedem Durchfall zu trinken ist. Am besten geben Sie Ihrem Mann dann in den folgenden Tagen diese Iberogast®-Tropfen jeweils vor den Mahlzeiten. Sie wirken anregend auf die Magentätigkeit und bewirken, dass die Verdauung sich schnell wieder normalisiert. Und damit Sie vom Durchfall verschont bleiben empfehle ich Ihnen diese Kapseln. Sie stabilisieren die Darmflora und haben sich zur Vorbeugung bewährt."

Zusatzempfehlung bei Durchfall	Nutzen
Motilitätshemmer, wie Loperamid (Imodium® akut, Lopodium® akut etc.) und Uzarawurzel (Uzara®)	Zur Hemmung der übermäßigen Darmbewegung, zur Vorbeugung vor unnötigem Wasser- und Elektrolytverlust
Kohle-Tabletten (Kohle-Compretten®)	Zur Bindung der Toxine, zur Ausschleusung der verursachenden Bakteriengifte, zum schnellen Abklingen des Durchfalls
Hefelyophilisate (Perenterol®, Santax® S)	Zur Bindung der Toxine, zur Verhinderung der Toxinbindung an die Darmwand, zur Verhinderung der Durchfallsymptome Zur Vorbeugung gegen Durchfallsymptome für Begleitpersonen
Elektrolytlösungen (Elotrans®, Oralpädon®)	Zum Ersatz der verlorenen Flüssigkeit und Elektrolyte, zur Verhinderung von anschließenden Schwächesymptomen, zur Verhinderung von nachfolgender Darmträgheit
Gerbstoffe (Tannalbin®)	Zur Abdichtung der Darmwand, zur Verhinderung der Toxinwirkung
Prokinetika, Bitterstoffe (z. B. Amara®-Tropfen, Iberogast®)	Zur Normalisierung der Verdauungstätigkeit im Anschluss an den Durchfall
Schwarzer Tee, grüner Tee (z. B. von H&S)	Zum Flüssigkeitsersatz, wegen der Gerbstoffe Unterstützung der heilenden Wirkung
Verhaltenstipps: evtl. Teefasten, fettarme Kost	Zur Verhinderung der Keimvermehrung
Leichter Kostaufbau, mit geriebenem Apfel, Zwieback, Haferschleimsuppen	Um den Darm nicht zu reizen, um Energie zuzuführen, um Schwäche zu vermeiden

Besuch beim Arzt	Bei nicht ausreichender Wirksamkeit der in der Selbstmedikation zur Verfügung stehenden Mittel, um andere Ursachen auszuschließen oder andere Ursachen effektiv zu behandeln
Eigene Ideen:	
Empfehlungen zu Durchfall - beim Thema „Hausapotheke" - beim Thema „Reiseapotheke" - bei einer Häufung von Magen-Darm-Infektionen	

Tipps für die Praxis:

Mit allen Mitteln, von allen Seiten

■ Um bei einer Erkrankung so schnell wie möglich wieder gesund zu werden, sind Patienten gerne bereit, alle erdenklichen Mittel gleichzeitig einzunehmen. Das kann des Guten zu viel sein, es kann aber auch Sinn machen, wenn man die Erkrankung quasi von Innen und von Außen behandelt. Viele Arzneimittel zeigen synergistische Effekte. Nutzen Sie sie aus!

Tipps für die Praxis:

Kunden brauchen Zusatzempfehlungen!

■ Zwei Drittel aller Kunden geben in Befragungen an, sie kennen sich bei Arzneimitteln der Selbstmedikation aus. Das bedeutet aber nicht, dass sie keinen Beratungsbedarf hätten.

■ Sie als Apotheker und PTAs wissen, wie viele neue Arzneimittel mit neuer Werbung auf den Markt kommen und Nutzen versprechen, der im Gespräch relativiert werden muss. Sie wissen, wie viele schwere Krankheiten sich mit leichten Beschwerden ankündigen, die nur scheinbar in die Selbstmedikation gehören. Sie kennen die Zahlen der Non-Compliance in der Arzneitherapie und können erahnen, wie viele Anwendungsfehler auch bei Arzneimitteln aus der Selbstmedikation deren Nutzen zunichte machen.

■ Die Aussage, dass Kunden sich in der Selbstmedikation auskennen, bedeutet, dass sie sich dafür interessieren und mehr dazu lernen möchten. Nutzen Sie die Chance zur Beratung und Empfehlung!

ERBRECHEN UND ÜBELKEIT

K: „Ich hätte gerne Vomex® A Zäpfchen."

A: „Die Zäpfchen gegen Erbrechen – sind die Zäpfchen für Sie bestimmt?"

K: „Nein, sie sind für meine Frau. Es hat sie erwischt. In der Nacht musste sie mehrfach aufstehen, um sich zu übergeben, und jetzt liegt sie zu Hause und traut sich nicht, das Haus zu verlassen."

A: „Oh je, die Arme!"

K: „Ja, gestern Abend war noch alles in Ordnung. Aber die Freundin, mit der sie sich nachmittags getroffen hat, hatte wohl auch eine solche Magen-Darm-Infektion."

A: „Hat sie noch andere Beschwerden? Zum Beispiel Durchfall oder Fieber?

K: „Nein, nur Erbrechen. Das ist auch schon schlimm genug!"

A: „Das stimmt! Dagegen können Sie ihr mit den Vomex®-Zäpfchen sehr gut helfen. Wenn es ihr bald besser geht, ist es wichtig für sie, dass sie die verlorene Flüssigkeit mit ihren Salzen wieder zu sich nimmt. Bieten Sie ihr Tee an, am besten Kamillentee, der den Magen gleichzeitig beruhigt. Um im Anschluss an eine solche Magenverstimmung nicht zu schlapp zu sein, ist es am besten für Ihre Frau, wenn sie zum Trinken diese Beutel in Wasser auflöst. Damit kann sie in kurzer Zeit wieder die Salze auffüllen, die sie durch das Erbrechen verloren hat."

K: „Das hört sich gut an. Sie will ja schließlich schnell wieder auf die Beine kommen. Hoffentlich stecke ich mich nicht an!"

A: „Um auf Nummer sicher zu gehen, können Sie für sich Iberogast®-Tropfen mitnehmen. Dann klappt es bestimmt, dass Sie gesund bleiben."

Zusatzempfehlung bei Erbrechen und Übelkeit	Nutzen
Prokinetikum (z. B. Amara-Tropfen®, Iberogast®)	Um die Magenarbeit wieder in Gang zu bringen, zur Nachbehandlung einer Mageninfektion
Elektrolytersatz (z. B. Elotrans®, Oralpädon®, Saltadol®)	Zum Ausgleich von Elektrolytverlust, um die anschließende Müdigkeit und Schlappheit schnell zu überwinden
Kamillenblüten-, Pfefferminztee (Sidroga®, H&S®)	Zur Beruhigung des Magens, als Empfehlung zum Flüssigkeitsersatz
Mittel gegen Beschwerden wie Durchfall (Imodium® akut, Uzara®), Bauchkrämpfe (Buscopan®)	Zur Rund-um-Behandlung, nicht nur Behandlung eines einzelnen Symptoms
Reisschleim, Haferschleim	Als Einstiegskost nach einer Zeit der Nahrungskarenz
In der Zeit des Erbrechens Nahrungskarenz, danach langsamer Kostaufbau mit leichter Kost, viel leicht verdaulichen Kohlenhydraten, auf fette Speisen verzichten Viel trinken, z. B. Kräutertee, schwarzen Tee, vermeiden von Alkohol, Kaffee, Nicotin	Um den Magen zunächst zu entlasten und vorsichtig wieder mit Nahrung zu belasten
Eigene Ideen:	
Empfehlungen zu Erbrechen und Übelkeit - beim Thema „Hausapotheke" - beim Thema „Reiseapotheke" - bei einer Häufung von Magen-Darm-Infektionen	

ERKÄLTUNG

K: „Ich hätte gerne ein Erkältungsmittel. Am liebsten eins gegen alle Beschwerden!"

A: „Ja, das wäre praktisch, wenn es eine Tablette gegen alle Beschwerden gäbe!" (lächelt freundlich und entschuldigend) „Aber die gibt es leider nicht. Wir können nur Ihre einzelnen Beschwerden behandeln. Welche Beschwerden haben Sie denn genau?"

K: „Ja, da ist vor allem dieser Husten! Ich kann deshalb schlecht einschlafen und nachts werde ich immer wieder wach, weil ich husten muss. Das hängt bestimmt auch damit zusammen, dass ich durch die Nase nicht richtig Luft bekomme. Dann schlafe ich mit offenem Mund, der Hals wird trocken und gereizt – und dann kitzelt es im Rachen."

A: „Oh, das hört sich ja schlimm an! Und morgens fühlen Sie sich wahrscheinlich wie gerädert!"

K: „Genau, heute morgen tun mir alle Knochen weh. Mein Kopf pocht, als würde er gleich zerspringen! Sie merken schon, ich brauche etwas wirklich Gutes. Was können Sie mir denn da empfehlen?"

A: „Da hat es Sie ja wirklich stark erwischt. Aber wir haben wirksame Hilfen gegen Ihre Beschwerden. Am Schlimmsten scheint ja der Hustenreiz nachts zu sein. Ich empfehle Ihnen dagegen diesen Hustenstiller zu nehmen, der den Hustenreiz unterdrückt und Sie ruhig durchschlafen lassen wird.

Sie wissen bestimmt, dass ein Hustenstiller nur zur Nacht genommen werden sollte. Tagsüber ist es gut, den Schleim auf Ihren Bronchien zu lösen, damit der Husten schneller abheilen kann. Dafür bieten sich diese Lutschtabletten an, die Sie auch gut zwischendurch mal nehmen können. Noch wirksamer ist eine Inhalation mit ätherischen Ölen oder Kamillenextrakt, aber das kennen Sie ja sicherlich."

K: „Ja, das kenne ich noch aus meiner Kindheit. Das hat mir damals immer schon gut geholfen. Aber ich habe nichts davon zu Hause. Ich nehme es mal lieber mit."

A: „Gegen die Kopf- und Gliederschmerzen helfen Ihnen Schmerzmittel. Ich empfehle Ihnen diese Tabletten. Aber vielleicht haben Sie andere in Ihrer Hausapotheke?"

K: „Meist habe ich welche, aber ich weiß nicht, wie viele Tabletten noch in der Schachtel sind. Zur Sicherheit nehme ich die lieber auch mal mit."

A: „Zusätzlich wäre es gut für Sie, wenn Sie durch die Nase besser Luft bekämen. Dafür kann ich Ihnen ein Nasenspray empfehlen. Das macht die Nase wieder frei, so dass Sie gut einschlafen und mit geschlossenem Mund durchschlafen können."

K: „Das hört sich schon mal gut an. Dann verschwinden wahrscheinlich auch meine Halsschmerzen, oder?"

A: „Stimmt, die verschwinden dann in wenigen Tagen von selbst. Zur Unterstützung können Sie Halsschmerztabletten oder auch einfach nur Bonbons lutschen, damit sich ein Schutzfilm auf den Hals legt."

K: „Gute Idee! Die habe ich noch im Auto liegen!"

A: „Was Sie sonst tun können, wissen Sie bestimmt: lassen Sie es langsam angehen, ruhen Sie sich möglichst aus, denn durch körperliche Ruhe werden die körpereigenen Abwehrkräfte gesteigert. Unterstützt wird die eigene Abwehr noch durch Wärme: tragen Sie ein Halstuch oder einen Schal, am besten übrigens auch nachts. Und tagsüber trinken Sie so oft es geht warmen Tee, am besten

natürlich einen Erkältungstee. Aber ein Hagebutten- oder Pfefferminztee, wie Sie ihn zu Hause haben, tut es natürlich auch.
K: „Ich trinke normalerweise gar keinen Tee. Da nehme ich lieber noch einen Erkältungstee von hier mit."
A: „Damit sind Sie rundum versorgt! Jetzt sollte es Ihnen innerhalb weniger Tage wieder gut gehen."
K: „Da bin ich mir sicher! Und wenn nicht, komme ich nächste Woche noch einmal vorbei!"

Tipps für die Praxis:

Mehr als „eine Tablette und gut"

■ „Dann nehme ich eine Tablette – und dann ist es gut!" Dieser Werbespruch spiegelt Vorstellung und Wunsch der Menschen wider: eine Tablette einnehmen und alle Beschwerden sind verschwunden. So leicht ist es nur ganz selten. Meist sind weitere Maßnahmen und vor allem Zeit und Geduld notwendig, um schließlich wieder gesund zu werden. Das gilt für Blähungen, Verstopfung, Durchfall, Muskelkater und Fettstoffwechselstörungen ähnlich. In besonderem Maße gilt es natürlich für das Beispiel Erkältung.

■ Der Kunde erwartet, dass Sie ihm eine Sorte Grippetabletten empfehlen. Sie ahnen aber schon, dass er mehr braucht als eine Tablette. „Unter welchen Beschwerden leiden Sie denn am meisten?", fragen Sie zurück und können nun zu jeder genannten Indikation eine Empfehlung aussprechen, nämlich zu Kopf- und Gliederschmerzen (s. S. 74), Husten (s. S. 66), Schnupfen (s. S. 116) oder Halsschmerzen (s. S. 54).

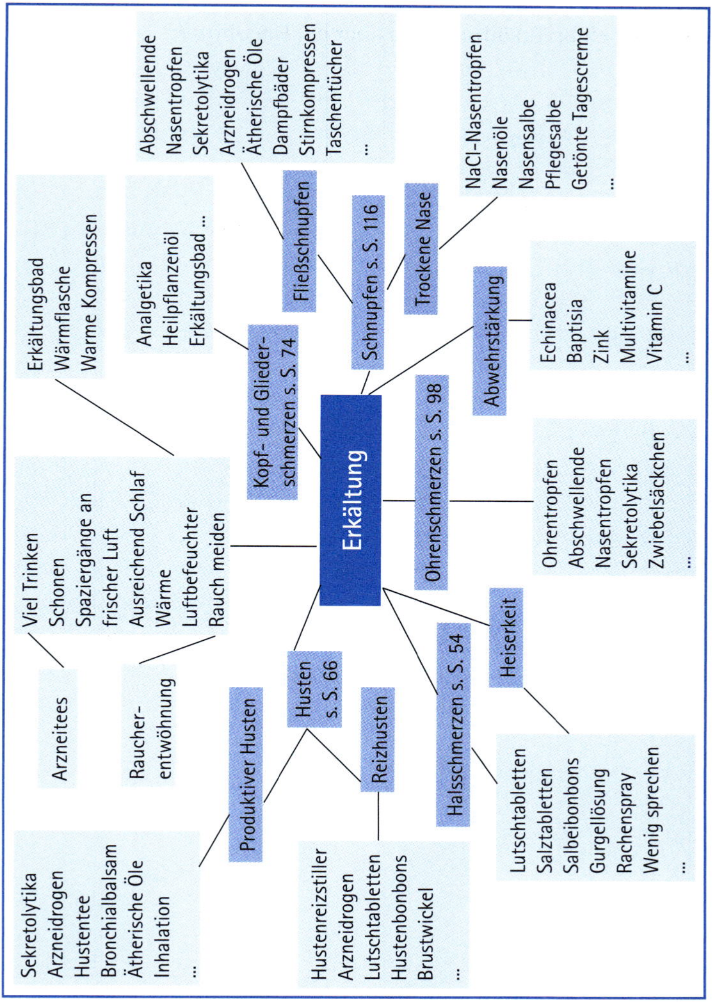
Erkältung
Kopf- und Gliederschmerzen s. S. 74
Erkältungsbad
Wärmflasche
Warme Kompressen
Analgetika
Heilpflanzenöl
Erkältungsbad …
Schnupfen s. S. 116
Fließschnupfen
Abschwellende Nasentropfen
Sekretolytika
Arzneidrogen
Ätherische Öle
Dampfbäder
Stirnkompressen
Taschentücher
…
Trockene Nase
NaCl-Nasentropfen
Nasenöle
Nasensalbe
Pflegesalbe
Getönte Tagescreme
…
Abwehrstärkung
Echinacea
Baptisia
Zink
Multivitamine
Vitamin C
…
Ohrenschmerzen s. S. 98
Ohrentropfen
Abschwellende Nasentropfen
Sekretolytika
Zwiebelsäckchen
…
Heiserkeit
Halsschmerzen s. S. 54
Lutschtabletten
Salztabletten
Salbeibonbons
Gurgellösung
Rachenspray
Wenig sprechen
…
Husten s. S. 66
Reizhusten
Hustenreizstiller
Arzneidrogen
Lutschtabletten
Hustenbonbons
Brustwickel
…
Produktiver Husten
Sekretolytika
Arzneidrogen
Hustentee
Bronchialbalsam
Ätherische Öle
Inhalation
…
Arzneitees
Raucherentwöhnung
Viel Trinken
Schonen
Spaziergänge an frischer Luft
Ausreichend Schlaf
Wärme
Luftbefeuchter
Rauch meiden

FETTSTOFFWECHSELSTÖRUNGEN

K: „Ich möchte gerne das Rezept über Simvastatin einlösen."
A: „Das Mittel ist für Sie? Sie kennen sich mit der Einnahme gut aus?"
K: „Ja, ich nehme das ja schon seit Jahren."
A: „Das ist auch ein seit Jahren bewährtes Mittel. Dann haben Sie sicherlich auch Ihre Ernährung ein wenig umgestellt, um Ihren Cholesterinspiegel zu senken?"
K: „Na ja, am Anfang schon, aber wenn ich ehrlich bin, bin ich in meine alten Gewohnheiten zurückgefallen. Was kann ich denn Ihrer Meinung nach tun?"
A: „Das Wichtigste ist es, die Nahrungsfette zu verringern. Das ist einfacher als man glaubt und erfordert keine große Umstellung. Nehmen Sie statt der Butter eine dünne Schicht Halbfettmargarine und belegen Sie Ihr Brötchen nur auf einer Seite. Daran kann man sich schnell gewöhnen. Ich kann Ihnen dafür dieses Buch hier empfehlen. Es fasst die wichtigsten Ernährungshinweise übersichtlich zusammen. Zur Unterstützung können Sie dann noch täglich Haferkleie in Ihren Speiseplan einbauen. Durch die Kleie wird das Fett im Körper gebunden und wird nicht resorbiert. Durch die Änderungen Ihrer Ernährung werden Sie zusätzlich langsam abnehmen. Das wird Ihrem Stoffwechsel gut tun."

Zusatzempfehlung bei Fettstoffwechselstörungen	Nutzen
Ernährungsberatung Bücher, Informationsmaterial über Zusammensetzung der Lebensmittel, vor allem über den Fettgehalt	Basis für eine gesunde Ernährungsumstellung und für langfristige Erfolge
Lösliche Ballaststoffe, Adsorbentien, wie Guar (Guar Verlen®), Haferkleie (Haferkleie Resana®) und Pektin (Pektin K Resana®) ins Essen gemischt, Quellstoffe, die zur Gewichtsreduktion eingesetzt werden (Formoline L112®)	Zur Verringerung der Fettresorption
Information zur Gewichtsreduktion	Normalisierung des Stoffwechsels
Knoblauchpräparate (Kwai® forte). Artischockenextrakt (Hepar SL forte®)	Senkung der LDL-Spiegel, Hemmung der Cholesterolsynthese. Förderung der Ausscheidung von Cholesterol
Raucherentwöhnung. Körperliche Aktivität. Einschränkung des Alkoholkonsums	Zur Reduktion der Risikofaktoren für das metabolische Syndrom
Ausreichende Vitaminversorgung, eventuell Substitution (z. B. Medyn®, Eunova®, Centrum®, Orthomol®)	Zur Senkung eines erhöhten Homocystein-Spiegels, zur Senkung des erhöhten Atheroskleroserisikos
Eigene Ideen:	
Empfehlung zu Fettstoffwechselstörungen - bei Patienten mit Diabetes, Bluthochdruck, Übergewicht, Gicht (mit metabolischem Syndrom) - bei Patienten mit Verordnungen über z. B. Antihypertensiva, Antidiabetika	

FUSSPILZ

K: „Ich hätte gerne Canesten®Creme."

A: „Nehmen Sie es gegen Fußpilz?" Der Kunde nickt. „Kennen Sie sich damit aus?"

K: „Ja, ich nehme die Creme schon länger. Und so nach und nach scheint es auch besser zu werden."

A: „Es gibt zur Behandlung verschiedene Wirkstoffe. Canesten® ist ein lang bewährtes Mittel, was auch über eine lange Anwendungszeit gut vertragen wird. Es gibt in der Zwischenzeit aber auch neuere Wirkstoffe, bei denen eine kürzere Anwendung ausreicht, die Ihre Beschwerden also schneller behandeln können..."

K: „Nein, nein, ich bin mit diesem Mittel ganz zufrieden."

A: „Das ist gut! Mit der Anwendung kennen Sie sich aus, haben Sie gesagt: zweimal täglich regelmäßig auftragen. Gut, dass Sie da Bescheid wissen. Sie wissen sicherlich auch, dass Sie Socken und Strümpfe mit einem pilzabtötenden Mittel waschen sollten?"

K: „Ja, klar. Und die Schuhe sprühe ich auch regelmäßig aus."

A: „Dann sind Sie damit nun rundum versorgt. Wenn Sie den Fußpilz damit nicht in den Griff bekommen, hat Ihr Hautarzt noch einige Therapiemöglichkeiten zur Verfügung. Scheuen Sie sich nicht, doch noch einmal beim Arzt vorbeizuschauen."

Zusatzempfehlung bei Fußpilz	Nutzen
(Antimykotische) Salben, Cremes oder Puder zur Behandlung der betroffenen und gefährdeten Hautstellen (Cutistad®, Lamisil®)	Zur Vorbeugung gegen Wiederansteckung, zur Verhinderung einer weiteren Ausbreitung
Antimykotische Sprays (z. B. Canesten®)	Weil man damit gleichzeitig Haut und Schuhe behandeln kann
Desinfektionsspray für Schuhe (Sagrotan®med, Sprühdesinfektion)	Zur Verhinderung einer Reinfektion
(Antimykotische) Wäschespüllösung (Sagrotan®Wäsche Hygienespüler)	Zur Verhinderung einer Wiederansteckung durch sporenhaltige Socken
Ärztliche Therapie (Differentialdiagnose und zusätzliche Behandlungsmöglichkeiten z. B. mit systemischen Antimykotika)	Bei unzureichender Wirkung der Präparate in der Selbstmedikation, effektive Ausbehandlung
Sonstige Maßnahmen: Hautstellen trocken halten	Um die Haut bei der Abheilung zu unterstützen und Wiederansteckung zu vermeiden
Eigene Ideen:	
Empfehlung zu Fußpilz bei - Diabetikern - Sportlern - Kunden, die gerne schwimmen gehen - Müttern mit Kindern, die zum Sport gehen	

GEDÄCHTNISSTÖRUNGEN

K: „Ich hätte gerne etwas gegen Gedächtnisstörungen."
A: „Gerne, welche Beschwerden haben Sie denn genau?"
K: „Hin und wieder fällt mir mal ein Name nicht ein. Das ist mir früher nie passiert. Einem Gedächtnisverlust kann man doch sicherlich vorbeugen, oder?"
A: „Ja, man darf zumindest nie sein Alter als Ausrede für ein schlechtes Gedächtnis benutzen. Ginseng zum einen wird traditionell als Mittel gegen das Altwerden und für den Erhalt der Leistungsfähigkeit eingesetzt. Gerade für das Gebiet Gedächtnisstörungen empfehle ich Ihnen einen Ginkgo-Extrakt. Hierfür gibt es gute Studien, dass dieser Extrakt die Sauerstoffversorgung des Gehirns verbessern und damit das Gedächtnis erhalten kann. Zusätzlich gibt es aber noch ein paar Tipps, die Ihnen helfen können. Achten Sie darauf, dass Sie am Tag mehr als zwei Liter Flüssigkeit trinken. Denn je mehr Sie trinken, desto besser fließt das Blut auch in kleine Blutgefäße zum Beispiel im Gehirn. Aber das Allerwichtigste ist das Gedächtnistraining. Stellen Sie sich selbst Aufgaben, z.B. sich bestimmte Telefonnummern zu merken, Gedichte auswendig aufzusagen oder sich Einkaufszettel einzuprägen. Je mehr Sie üben, desto besser arbeitet das Gedächtnis."

Zusatzempfehlung bei Gedächtnisstörungen	Nutzen
Ginkgo-biloba-Extrakte (Tebonin® spezial 120 mg)	Zur Verbesserung der Sauerstoffversorgung des Gehirns durch eine bessere Hirndurchblutung
Geriatrika, wie DMAE (Vitagerin Geistlich®), Procain (Gero-H3-Aslan®), Ginseng (Pharmaton® Vitalkapseln), Lecithin (Buer Lecithin®)	Traditionell angewandt gegen altersbedingte Verschlechterung der Hirnleistung, vor allem des Gedächtnisses
Vitamine (in Centrum® ab 50, Pharmaton® Vitalkapseln u. a.)	Zum Ausgleich eines Vitaminmangels durch Nahrungseinschränkungen (Appetitmangel, Resorptionsstörungen) und durch einen erhöhten Bedarf
Knoblauch (Kwai® forte 300 mg)	Zur Vorbeugung gegen Atherosklerose und atherosklerotische Demenz
Gedächtnistraining, Gehirnjogging, Apothekenzeitschriften mit Rätseln	Zum Üben der Gedächtnisfunktionen
Bewegung an frischer Luft. Kontakte zu anderen pflegen	Zum Erhalt der geistigen Beweglichkeit.
Viel Trinken	Zur Verbesserung der Durchblutung
Verzicht auf Nicotin, Raucherentwöhnung. Minimierung der Risikofaktoren für Atherosklerose	Zur Verbesserung der Durchblutung
Eigene Ideen:	
Empfehlung zu Gedächtnisstörungen bei - alten Patienten mit Erkrankungen, die häufig mit Demenz einhergehen - Patienten mit hohem Atheroskleroserisiko - Durchblutungsstörungen - Rauchern	

GELENKSCHMERZEN

K: „Ich hätte gerne das Ibutop® Schmerzgel."
A: „Kennen Sie das Gel? Kommen Sie gut damit zurecht?"
K: „Ja, es hilft ganz gut. Ich nehme es schon lange. Wieso, gibt es etwas Besseres?"
A: „Gegen welche Beschwerden nehmen Sie es genau?"
K: „Ich nehme es wegen meiner Schmerzen im Knie – Verschleiß! Der Arzt hat gesagt, da könnte man nichts weiter machen, außer Schmerzmittel einnehmen."
A: „Wunder können wir nicht vollbringen, da hat Ihr Arzt natürlich recht. Aber einige Mittel und Tipps gibt es schon, die Ihnen gegen Ihre Schmerzen helfen können. Ich empfehle Ihnen Teufelskralle gegen Ihren Gelenkverschleiß. Es gibt sehr gute Untersuchungen darüber, dass die regelmäßige Einnahme von Teufelskralle-Extrakt Arthroseschmerzen senkt. Je weniger Schmerzen Sie haben, desto besser können Sie sich bewegen. Und das ist wichtig: zum einen, um beweglich zu bleiben und das Gelenk zu „schmieren", und zum anderen, um Ihren Kalorienverbrauch zu erhöhen und Ihnen das Abnehmen zu erleichtern. Denn je weniger Gewicht das Gelenk zu stützen hat, desto besser kann es sich in seinem Zustand halten."

Zusatzempfehlung bei Gelenkschmerzen	Nutzen
Schmerzmittel, Antiphlogistika gegen entzündliche Schmerzen (Voltaren® Dolo, Ibuflam® akut)	Gegen die Schmerzen, um die Beweglichkeit wieder herzustellen
Kälteanwendung (Cold Hot Pack®), Wärmeanwendung (Thermo-Phlogont® Salbe)	Gegen die akute Entzündung Bei chronischen Schmerzen, zur Lösung von verkrampfter Muskulatur
Teufelskralle (Rivoltan®, Rheuma-Sern®)	Bei degenerativen Gelenkerkrankungen, Unterstützung der antientzündlichen Wirkung
Vitamin E, hoch dosiert (400–1000 I.E.) (Optovit® fortissimum, Eusovit® 600 nat)	Um den Schmerzmittelgebrauch zu senken, zur Schmerzlinderung bei entzündlichen Prozessen
Gelatinehydrolysate (Mobiforte® Hydrolysat)	Zur Förderung des Wiederaufbaus der Knorpelsubstanz
Gewichtsreduktion	Zur Entlastung der Gelenke
Regelmäßige, mäßige Bewegung	Um das Gelenk beweglich zu halten, um den Kalorienverbrauch anzukurbeln und das Abnehmen zu unterstützen
Eigene Ideen:	
Empfehlung zu Gelenkschmerzen - bei Patienten mit Übergewicht	

GICHT

K: „Ich hätte gerne eine große Tube Effekton® Gel."

A: „Gern, gegen welche Beschwerden wollen Sie es einsetzen?"

K: „Gegen Gelenkschmerzen. Ich habe seit den Feiertagen fürchterliche Schmerzen in den Fingergelenken und seltsamerweise auch im großen Zeh."

A: „Waren Sie mit ähnlichen Beschwerden schon einmal beim Arzt?"

K. „Ja, ja, vor einigen Jahren hatte ich so etwas schon einmal. Der Arzt hat gesagt, das könne Gicht sein. Aber danach ist es nie wieder aufgetreten."

A: „Ihre Beschwerden deuten tatsächlich darauf hin. Gegen die akute Entzündung wird Ihnen das Effekton®-Gel erst einmal Linderung verschaffen. Unterstützen können Sie die Wirkung noch, wenn Sie die betroffenen Gelenke kühlen. Dafür können Sie zum Beispiel Umschläge machen mit Retterspitz oder Franzbrandwein, was Sie gerade im Haus haben.

Ich würde Ihnen tatsächlich raten, zum Arzt zu gehen und Ihren Harnsäurewert im Blut untersuchen zu lassen. Wenn der Wert zu hoch ist, wird Ihnen der Arzt entsprechende Arzneimittel verordnen, die Ihnen helfen, den Wert niedrig zu halten und solche Schmerzattacken zu vermeiden. Sie selbst können natürlich auch noch einiges für Ihren Harnsäurewert tun. Trinken Sie viel Wasser und ernähren Sie sich möglichst ausschließlich vegetarisch, also ohne Fleisch und ohne Wurst. Damit können Sie Ihren Harnsäurespiegel gut in den Griff bekommen."

Zusatzempfehlung bei Gicht	Nutzen
Antirheumatika, wie Diclofenac (Voltaren® Schmerzgel) oder Indometacin (Mobilat® Schmerzspray)	Gegen die akute Entzündung im Gelenk, zur Verringerung der Schwellung und des Schmerzes
Systemische Antirheumatika (Voltaren® dolo, Aktren® spezial)	Bei stärkeren Schmerzen, zur Behandlung der Schmerzen, zum schnellen Erreichen einer besseren Beweglichkeit
Kälteanwendung bei akuter Gichtattacke (Cold Hot Pack®, Umschläge mit Retterspitz® äußerlich, Allgäuer® Latschenkiefer, essigsaurer Tonerde)	Zur akuten Behandlung der Gelenkentzündung, zur Reduktion der Schmerzen, zum Abschwellen der Gelenke
Ernährungsberatung, Ernährungsumstellung, Verzicht auf Fleisch, Verzicht auf Alkohol, besonders Bier (auch alkoholfreies), ausreichende Flüssigkeitszufuhr	Zur Verringerung der Harnsäureproduktion, zur Absenkung des Harnsäurespiegels und möglichst Vermeidung von Gichtattacken
Gewichtsreduktion	Zur Entlastung der Gelenke, zur besseren Regulation des Stoffwechsels
Ausreichende Vitaminversorgung, eventuell Substitution (z. B. Medyn®)	Zur Senkung eines erhöhten Homocystein-Spiegels, zur Senkung des erhöhten Arterioskleroserisikos
Besuch des Arztes, Messung der Harnsäurespiegel	Zur Anpassung der aktuellen Arzneitherapie auf die Stoffwechsellage, Verordnung von akut wirksamen Arzneimitteln
Eigene Ideen:	
Empfehlungen zu Gicht - Bei Patienten mit Symptomen des metabolischen Syndroms	

HAARAUSFALL

K: „Ich hätte gerne Priorin® Kapseln."

A: „Die Kapseln gegen Haarausfall? Sind die Kapseln für Sie bestimmt?"

K: „Ja, für mich. Ich habe in den letzten Wochen fürchterlichen Haarausfall."

A: „Haben Sie eine Idee, was die Ursache dafür sein könnte? Haben Sie in der letzten Zeit eine Diät eingehalten? Oder haben Sie irgendwelche Hormonumstellungen hinter sich?"

K: „Nein, meine Hormonwerte sind in Ordnung. Ich war deswegen extra bei meinem Frauenarzt. Diät habe ich eigentlich auch nicht gehalten. Na ja, im Stress isst man schon mal unregelmäßig und ungesund..."

A: „Es gibt sehr viele mögliche Ursachen für Haarausfall. Ganz selten findet man konkret einen Grund, den man behandeln könnte. In Ihrem Fall kann Ihnen das Priorin® sicherlich helfen. Es liefert die Bausteine für neue Haare. Wenn der Grund für Ihren Haarausfall tatsächlich ein Nährstoffmangel war, kann es so das Wachstum neuer Haare fördern. In Ihrem Fall, wenn die Ursache nicht offensichtlich ist, kann auch der Ersatz von Zink oder Eisen nutzen. Ich empfehle Ihnen hier eine hoch dosierte Mineralstoffkombination."

Zusatzempfehlung bei Haarausfall	Nutzen
Vitamine, vor allem B-Vitamine (in Priorin® neu, Pantovigar® N, Gabunat®)	Zur Bereitstellung der Ausgangsstoffe zur Haarsynthese, zur Unterstützung des Haarwachstums bei Mangelzuständen
Eisensalze (Ferro Sanol® duodenal)	Zur Optimierung des Haaraufbaus bei nachgewiesenem Eisenmangel
Zinksalze (Zinkorotat® POS, Zink Sandoz®)	Zur Optimierung des Haarwachstums bei Zinkmangel
Estradiol (Ell-Cranell® alpha)	Bei Haarverlust durch Hormonmangel, als Ersatz der körpereigenen Hormone
Aminexil (Dercap® Aminexil), Minoxidil (Regaine®)	Zur Anregung des Haarwuchses
Verwendung milder Shampoos und Spüllösungen, Vermeidung von aggressiver Behandlung der Haare (häufiges Bürsten, heißes Föhnen, Dauerwelle, Färbung)	Vermeidung von unnötigem Haarverlust
Bei starker psychischer Belastung Perücke oder Haarteil	Zur psychischen Entlastung
Arztbesuch (Hautarzt, Frauenarzt, Arzt für innere Medizin)	Zur Abklärung der Ursache (z. B. Hautkrankheiten, Schilddrüsenerkrankungen, chronische Infekte) und eventuell ursächlicher Behandlung
Eigene Ideen:	
Empfehlungen zu Haarausfall - bei Schwangeren und Frauen nach der Entbindung - bei Frauen im Klimakterium - bei Männern im mittleren Alter	

HÄMORRHOIDEN

K: „Ich hätte gerne Faktu® akut."
A: „ Ist das für Sie bestimmt?"
K: „Ja, ich kenne mich damit aus. Diese Salbe hat mir mal der Arzt empfohlen."
A: „Ja, das ist eine sehr gut Salbe gegen alle Beschwerden, die Ihnen Hämorrhoiden machen. Am besten wäre es für Sie, wenn Sie die Beschwerden vermeiden könnten, nicht wahr?"
K: „Ja, aber an manchen Tagen..., wenn es mit der Toilette nicht so ... Na ja, zum Glück ist es ja nicht oft! Aber diesmal kann ich kaum sitzen!"
A: „Noch stärker als diese Salbe wirken Sitzbäder. Haben Sie es schon einmal damit versucht? Ich empfehle Ihnen hierfür zum Beispiel diese Tannolact®-Beutel. Sie enthalten Gerbstoffe, die gegen Entzündungen und Juckreiz wirken und Ihnen schnell Linderung verschaffen. Damit die Beschwerden schnell verschwinden und nicht wieder beim nächsten Stuhlgang auftreten, können Sie Ihren Stuhl weich halten. Hierfür gibt es Quellmittel, die nur im Darm wirken und den Stuhl geschmeidig halten."

Zusatzempfehlung bei Hämorrhoiden	Nutzen
Zäpfchen statt Salbe (Faktu® akut Supp., Eulatin® Supp.), evtl. Tamponaden	Um eine längere Einwirkzeit der Wirkstoffe zu erreichen, zur intensiveren Behandlung
Zusatz für Sitzbäder, z. B. Kamille (Kamillosan®), synthetische Gerbstoffe (Tannolact®)	Zur intensiven lokalen Behandlung, damit die Beschwerden noch schneller verschwinden
Stuhlerweichende Mittel, z. B. Lactulose (Bifiteral®), Flohsamenpulver (Mucofalk®), Macrogole (Isomol®), Leinsamen. Keine ausgesprochenen Abführmittel verwenden	Für einen schmerzfreien Stuhlgang, um unnötiges Pressen zu vermeiden, um das Wiederauftreten von Hämorrhoidalbeschwerden zu vermeiden
Bei ungewöhnlichen Beschwerden, wenn die Beschwerden das erste Mal auftreten: Arztbesuch	Zur Abklärung der Diagnose, Ausschluss von Differentialdiagnosen (z. B. Pilzinfektionen, Wurminfektionen, Darmerkrankungen)
Waschsyndets, feuchte Reinigungstücher. Vorlagen	Zur zweckmäßigen Reinigung Zum Schutz der Unterwäsche
Ballaststoffreiche Ernährung, eventuell mit Weizenkleie- oder Haferkleiezusatz. Ausreichende Flüssigkeitsaufnahme, 2–3 Liter Flüssigkeit am Tag. Beengende Kleidung vermeiden	Um starkes Pressen beim Stuhlgang zu vermeiden und das Wiederauftreten von Hämorrhoidalbeschwerden zu verhindern
Eigene Ideen:	
Empfehlung zu Hämorrhoiden - bei Patienten mit Stuhlverstopfung	

HALSSCHMERZEN

Ein Patient kommt mit einem Rezept für ein Antibotikum vom Hals-Nasen-Ohren-Arzt. Trauen Sie sich zu fragen.
A: „Mit welchen Beschwerden waren Sie beim Arzt? Ist das Mittel gegen eine Mandelentzündung?“
Der Patient wird Ihnen sagen, ob Ihre Vermutung stimmt. Er wird Ihnen darauf so antworten, dass Sie ihn weiter beraten können. Eventuell entgegnet er, das Mittel sei für seinen Bruder, seinen Nachbarn, seinen Freund. Aber was liegt näher, ihn zu fragen, ob er dem anderen noch etwas Gutes tun will oder ob er denn auch an seine Gesundheit gedacht hat? Ein Patient wird vielleicht einmal mit schlechter Stimmung antworten: „Das geht Sie gar nichts an!“ Das können Sie bestätigen: „Stimmt, aber nur wenn ich weiß, wogegen es Ihr Arzt verordnet hat, kann ich Sie gezielt beraten.“

K: „Ich hätte gerne Lutschtabletten gegen Halsschmerzen!“
A: „Mit diesen Tabletten haben Sie etwas Gutes, was die Halsschmerzen schnell eindämmt. Sie wissen sicherlich, dass Wärme am Hals gegen die Schmerzen Wunder wirken kann. Unterstützen können Sie das von innen, wenn Sie über den Tag verteilt reichlich heißen Tee trinken. Sie haben sicherlich einen Erkältungstee im Haus, vielleicht sogar einen Salbeitee?“
K: „Ich habe Hagebuttentee. Kann ich den auch nehmen?“
A: „Der ist auch gut. Trinken Sie fünf, sechs Tassen über den Tag verteilt. Sie werden merken, wie die Halsschmerzen schnell wieder verschwinden!“

Zusatzempfehlung bei Halsschmerzen	Nutzen
Desinfizierende Gurgellösung, Rachenspray (Chlorhexamed®-Fluid, Hexoral®)	Zur Keimreduktion, gegen die Ursache der Halsentzündung
Salzhaltige Lutschtabletten (Emser®Pastillen), Gurgellösung	Zur Keimreduktion, zur Befeuchtung
Salbei-, Myrrhentinktur (InSpirol®P forte)	Gegen die Entzündung
Lutschtabletten mit Antiphlogistikum (Dobendan®, Dorithricin®, neo-angin®N)	Gegen die Entzündungsreaktion, gegen Schmerzen
Salbeitee, Erkältungstee (z. B. von H&S, Sidroga) Wärmeanwendung, Schal, Halswickel	Zur Steigerung der lokalen Abwehr
Isländisch Moos (Isla-Moos®), Primelwurzel (z. B. als Tee)	Zur Reizlinderung
Lutschbonbons (Pectoral®, Em-Eukal®)	Zur Befeuchtung, zur Reizlinderung
Zusätzlich: Spaziergänge an der frischen Luft	Zur Steigerung des Allgemeinbefindens
Eigene Ideen:	
Empfehlungen zu Halsschmerzen - bei Patienten mit anderen Erkältungssymptomen - beim Thema „Hausapotheke" oder „Reiseapotheke" - im Winter bei Patienten, die im Chor singen oder einen Beruf haben, in dem sie viel sprechen müssen (z. B. Lehrer)	

HAUSAPOTHEKE

K: „Ich hätte gerne Berberil®-Augentropfen."
A: „Sind die Augentropfen für Sie?"
K: „Ja, auch. Ich kaufe sie als Vorrat für meine Hausapotheke. Die Berberil braucht man immer wieder mal."
A: „Sind auch Kinder im Haushalt? Die Augentropfen sind gut zur kurzfristigen Behandlung von Bindehautreizungen, aber sie sind zum Beispiel nicht für Kleinkinder geeignet."
K: „Nein, nein, ich nehme sie nur selten. Nach dem Schwimmen zum Beispiel habe ich manchmal rote, brennende Augen. Und mit diesen Augentropfen verschwinden die Beschwerden im Nu."
A: „Das ist genau richtig. Da gehören Sie auf jeden Fall zu Ihnen in die Hausapotheke. Genauso wie Mittel gegen Schmerzen oder Husten, Schnupfen, Heiserkeit oder Durchfallerkrankungen."
K: „Durchfall? Meine Nachbarin hat in der letzten Woche Brechdurchfall. Ist im Moment ein Magen-Darm-Infekt im Umlauf? Sollte ich da tatsächlich lieber etwas im Haus haben?"
A: „Im Moment leiden tatsächlich viele an Durchfall und Erbrechen. Ich empfehle Ihnen da zwei Sachen, einmal diese Iberogast®-Tropfen gegen das Erbrechen und zum anderen Lopedium® akut-Kapseln gegen Durchfall."
K: „Diese Iberogast® habe ich selbst, aber was sind das für Kapseln?"

Zusatzempfehlung bei Hausapotheke	Nutzen
Schmerzmittel, eventuell auch Schmerz- und Fieberzäpfchen für Kinder, Gelenkschmerzen, Kopfschmerzen, Zahnschmerzen	Gegen alle Arten von Schmerzen, am häufigsten Kopfschmerzen
Mittel gegen Erkältungskrankheiten (Schnupfen, Husten, Halsschmerzen)	Um sich auch am Wochenende gegen eine anfliegende Erkältung wehren zu können
Mittel gegen Magen-Darm-Beschwerden (Durchfall, Übelkeit, Erbrechen, eventuell Verstopfung, Sodbrennen, Magenschmerzen, Blähungen)	Um gegen alle Infektionskrankheiten und alle Beschwerden gewappnet zu sein
Wunddesinfektionsmittel, Wund- und Brandgel, Salbe gegen Zerrungen, Prellungen, Schmerzen, Pflaster, Sprühpflaster, Kompressen, Mullbinden, Idealbinden, Verbandklammern, Pinzette, Zeckenzange, Verbandschere, Dreiecktuch	Für die erste Hilfe
Fieberthermometer, Wärmflasche, Mundspatel	
Individuelle Arzneimittel	
Eigene Ideen:	
Empfehlungen zu Hausapotheke - bei allen genannten Indikationen - bei vorsorglichen Patienten, die außerhalb des Ortes wohnen	

HEUSCHNUPFEN

K: „Ich hätte gerne Vividrin® Nasenspray."
A: „Das Nasenspray gegen Heuschnupfen? Gern. Wie kommen Sie denn damit zurecht."
K: „Ja, ein bisschen lindert es schon die laufende Nase..."
A: „Welche Beschwerden haben Sie denn genau?"
K: „Na ja, die Nase juckt und läuft seit einigen Tagen. Nachts sitzt sie aber zu."
A: „Haben Sie auch Probleme mit juckenden Augen?"
K: „Ja, an manchen Tagen sehe ich aus wie ein Kaninchen, aber dagegen habe ich noch Augentropfen."
A: „Haben Sie auch Probleme mit den Bronchien? Müssen Sie oft husten oder bekommen Sie draußen schlechter Luft?"
K: „Ja, an besonders schlechten Tagen, kann ich abends schlecht einschlafen, weil mich ein ständiger Hustenreiz quält. Das ist schon gemein, die einen genießen den Frühling, die anderen sperren sich in ihren Wohnungen ein."
A: „Ja, Heuschnupfen scheint Sie ganz schön zu plagen. Am besten ist es tatsächlich, bei starker Pollenbelastung der Luft im Haus zu bleiben. Waschen Sie sich abends die Pollen aus den Haaren, lagern Sie die Tageskleidung in einem anderen Raum als dem Schlafzimmer. Und schlafen Sie nachts auf jeden Fall mit geschlossenem Fenster. Dadurch können Sie Ihre Beschwerden zumindest in der Nacht schon etwas mildern. Zum Glück gibt es dagegen aber gut wirksame Mittel. Da ist einmal das Vividrin®. Wenn Sie es regelmäßig viermal täglich anwenden, blockieren Sie die allergische Reaktion. Noch schneller wirkt allerdings das Vividrin® akut. Dieser Wirkstoff wirkt ohne lange Vorlaufzeit sofort.

K: „Mit dem normalen Vividrin® komme ich eigentlich ganz gut zurecht."
A: „Es braucht ein paar Tage, bis es die volle Wirksamkeit erreicht. In den ersten Tagen könnte die Nase also noch zusitzen. Vielleicht brauchen Sie in dieser Zeit ein Nasenspray, um die Schleimhäute abzuschwellen und besser Luft zu bekommen?"
K: „Ja, das wäre eine gute Idee. Ich weiß, ich sollte es nur im Notfall verwenden."
A: „Das stimmt, Sie werden es aber nicht länger als fünf Tage benötigen. Augentropfen haben Sie noch, das ist gut. Ihre Beschwerden auf den Bronchien machen mir Sorgen. Bei Heuschnupfen besteht immer die Gefahr, dass sich aus der Allergie ein Asthma entwickelt, der Heuschnupfen quasi nach unten rutscht. Es ist wichtig, das rechtzeitig zu unterbinden. Gut für Sie wäre es, wenn Sie ein Antiallergikum einnehmen, damit die allergische Reaktion überall, also auch in den Bronchien, möglichst unterdrückt wird. Wenn der Reizhusten danach anhält, sollten Sie auf jeden Fall einen Arzt aufsuchen, der Ihnen dann spezielle Arzneimittel für die Bronchien verschreiben kann, die die Bronchien schützen."

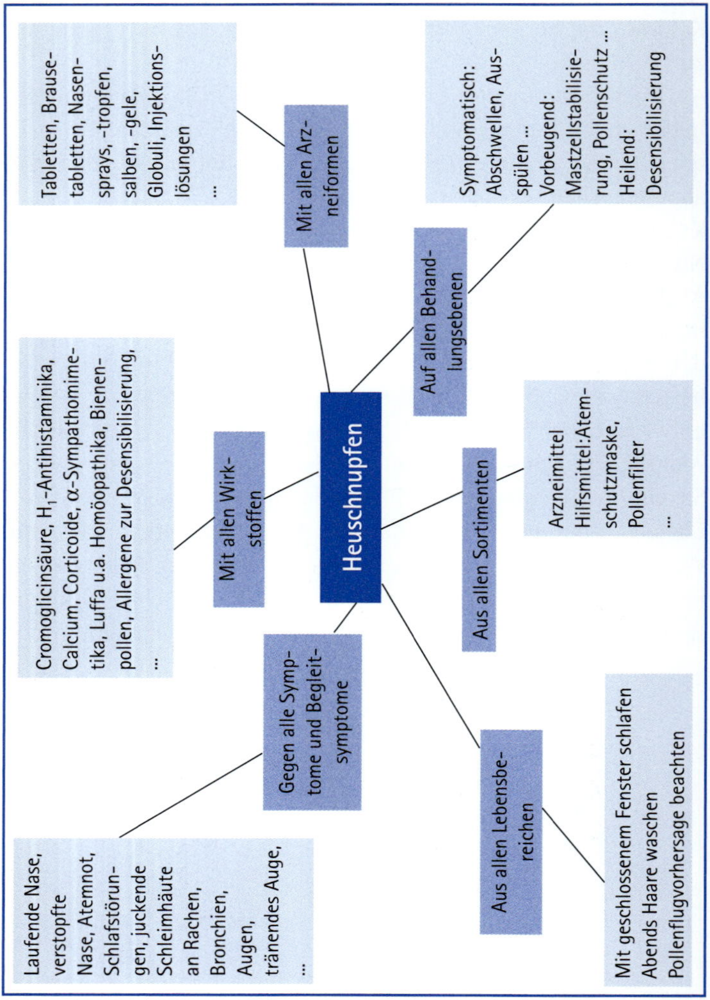
Heuschnupfen
Mit allen Arz-
neiformen
Tabletten, Brause-
tabletten, Nasen-
sprays, -tropfen,
salben, -gele,
Globuli, Injektions-
lösungen
...
Auf allen Behand-
lungsebenen
Symptomatisch:
Abschwellen, Aus-
spülen ...
Vorbeugend:
Mastzellstabilisie-
rung, Pollenschutz ...
Heilend:
Desensibilisierung
Aus allen Sortimenten
Arzneimittel
Hilfsmittel:Atem-
schutzmaske,
Pollenfilter
...
Aus allen Lebensbe-
reichen
Mit geschlossenem Fenster schlafen
Abends Haare waschen
Pollenflugvorhersage beachten
Gegen alle Symp-
tome und Begleit-
symptome
Laufende Nase,
verstopfte
Nase, Atemnot,
Schlafstörun-
gen, juckende
Schleimhäute
an Rachen,
Bronchien,
Augen,
tränendes Auge,
...
Mit allen Wirk-
stoffen
Cromoglicinsäure, H_1-Antihistaminika,
Calcium, Corticoide, α-Sympathomime-
tika, Luffa u.a. Homöopathika, Bienen-
pollen, Allergene zur Desensibilisierung,
...

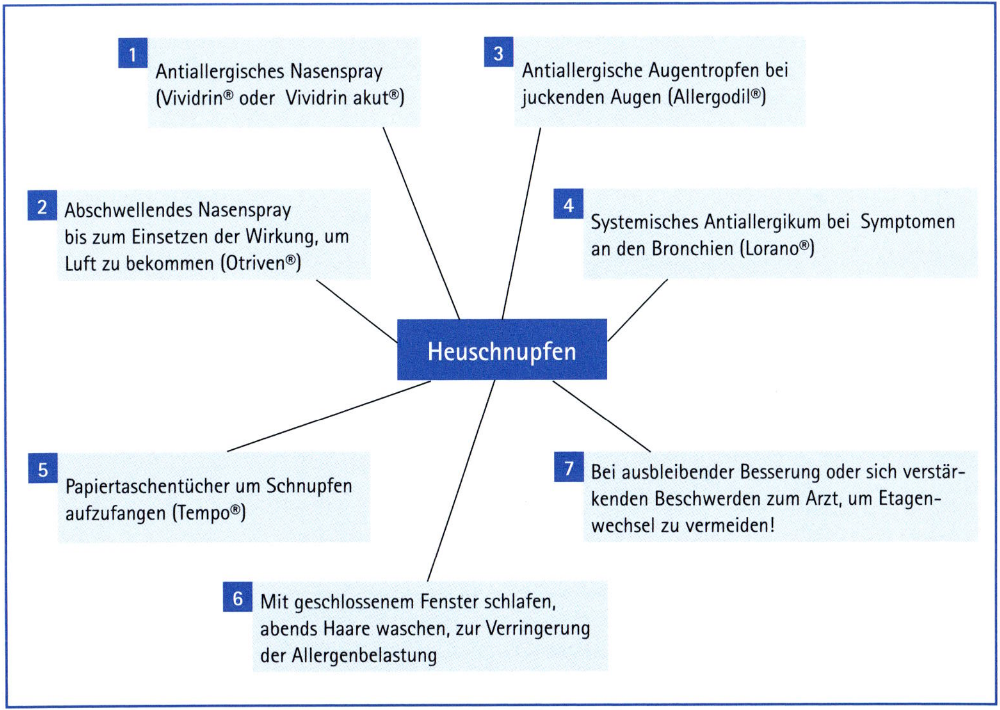
Heuschnupfen
1 Antiallergisches Nasenspray (Vividrin® oder Vividrin akut®)
2 Abschwellendes Nasenspray bis zum Einsetzen der Wirkung, um Luft zu bekommen (Otriven®)
3 Antiallergische Augentropfen bei juckenden Augen (Allergodil®)
4 Systemisches Antiallergikum bei Symptomen an den Bronchien (Lorano®)
5 Papiertaschentücher um Schnupfen aufzufangen (Tempo®)
6 Mit geschlossenem Fenster schlafen, abends Haare waschen, zur Verringerung der Allergenbelastung
7 Bei ausbleibender Besserung oder sich verstärkenden Beschwerden zum Arzt, um Etagenwechsel zu vermeiden!

Zusatzempfehlung bei Heuschnupfen	Nutzen
Cromoglicin-haltiges Nasenspray regelmäßig verwenden (CromoHexal®, Vividrin®)	Um die allergische Reaktion zu dämpfen, damit die Nase nicht mehr so stark läuft
Antiallergische Nasentropfen (Livocab®, Vividrin®akut Azelastin)	Zur Verringerung der allergischen Reaktion in der Nasenschleimhaut
Kochsalzhaltige Nasentropfen (Nasenspray®Pur Ratiopharm, Olynth®Salin)	Zum Abspülen der Allergene von der Nasenschleimhaut
Beclometasonpropionat-haltige Nasentropfen (ratio Allerg® Heuschnupfenspray)	Bei hartnäckigem Stockschnupfen, bei entzündeten Nasenschleimhäuten zur Entwöhnung von α-Sympathomimetika-haltigen Nasentropfen
Arztbesuch: Verordnung von verschreibungspflichtigen Cortisonsprays	Zur effektiven Schleimhautabschwellung, um dauerhaft Luft zu bekommen
Systemische Antihistaminika (Lorano®, Reactine®, Zyrtec®)	Um die allergische Reaktion insgesamt zu dämpfen
Antiallergische Augentropfen (Livocab®, Vividrin®)	Um das Jucken und die Rötung der Bindehaut zu verringern
Tränenersatzflüssigkeit (Hylo-comod®, Oculotect® fluid)	Um die Pollen (bzw. Allergene) aus den Augen zu spülen
Augengele, Augenmasken (Lierac® Balsam Diopticalm, Vichy®Thermal Fix Augen)	Zur Pflege der Augenumgebung, zum Abschwellen der Augenlider
Atemschutzmaske (Aseptex®Atemmaske)	Zum Schutz beim Arbeiten im Freien, beim Arbeiten mit Stäuben
Milbendichte Bettbezüge bei Hausstauballergie, Entfernung von Gardinen und Teppichen	Zur Reduzierung der Allergenmenge

Zusätzlich: mit geschlossenem Fenster schlafen, abends Haare waschen, Pollenflugvorhersage beachten	Zur Reduktion der Allergenmenge
Eigene Ideen:	
Empfehlung zu Heuschnupfen - bei Schnupfensymptomen in der Heuschnupfenzeit	

Tipps für die Praxis:

Schnüren Sie das Rund-um-Versorgungspaket

■ Das Ergebnis einer Ideensammlung kann sehr ausufernd sein. Es braucht Überarbeitung, um damit im Alltag weiterzuarbeiten. Setzen Sie sich mit dem Ergebnis nun in einer kleinen Arbeitsrunde zusammen und legen Sie Empfehlungspakete fest. Versuchen Sie zu jeder Indikation fünf bis zehn Empfehlungen festzuschreiben. Dazu gehören konkrete Fertigarzneimittel und Verhaltensmaßnahmen. Schreiben, malen, zeichnen oder fotografieren Sie Ihre Empfehlungspakete und hängen Sie sie für einige Wochen an – für alle Mitarbeiter – gut sichtbarer Stelle in der Apotheke auf.

■ Sobald Sie sich über Empfehlungen und vor allem Zusatzempfehlungen im Team Gedanken gemacht haben und indikationsbezogen Empfehlungspakete im Kopf haben, können Sie Ihre Beratungsgespräche so lenken, dass Sie den Bedarf Ihres Patienten entsprechend abfragen und dabei schon während des Gesprächs die Auswahl Ihrer Empfehlungen festlegen.

HÜHNERAUGEN

K: „Ich hätte gerne Clabin®."

A: „Die Lösung gegen Warzen?"

K: „Nein, ich wollte es gegen Hühneraugen einsetzen."

A: „Ja, es löst sehr effektiv Hornhaut auf, natürlich auch Hühneraugen. Nach zwei bis drei Tagen der regelmäßigen Anwendung baden Sie die Füße in einem warmen Fußbad und raspeln die überschüssige Hornhaut mit einem Hornhautraspel ab. Im Anschluss cremen Sie die Füße gut ein. Dafür gibt es sehr gute Cremes, die die Füße glatt und geschmeidig halten."

Tipps für die Praxis:

Versetzen Sie sich in den Kunden!

■ Am besten können Sie Patienten beraten, die Beschwerden haben, die Sie selbst aus eigenen Erfahrung kennen. Sie haben aber nicht alle Krankheiten selbst einmal durchgemacht – zum Glück! Wie können Sie sich in einen Heuschnupfenpatienten hineinversetzen, wenn Sie selbst keinen Heuschnupfen haben? Fragen Sie ihn, welche Beschwerden er hat und wie er seine Krankheit erlebt! Fragen Sie Ihre Kollegen im Team: in (fast) jedem Team sitzt ein Allergiker. Jeder kennt Heuschnupfenpatienten, vielleicht ist ein Familienmitglied betroffen.

■ Setzen Sie sich im Team zusammen und überlegen gemeinsam:

- Wie fühlt sich ein Patient mit seiner Krankheit und seiner Behandlung?
- Was könnte diesem Patienten Nutzen bringen?
- Was wollen wir unseren Patienten zusätzlich empfehlen?

Zusatzempfehlung bei Hühneraugen	Nutzen
Keratolytika (Collomack® Tropfen, Clabin®)	Zum Anlösen der verhornten, überschüssigen Hornhaut, zur Erleichterung einer mechanischen Entfernung
Hornhautraspel, Hornhauthobel (Credo® Hornhauthobel, Scholl® Hornhauthobel)	Zur Entfernung der Hornhaut
Regelmäßige Fußbäder (Gehwol®, Allgäuer Latschenkiefer®) und pflegende Fußcremes (Celyoung® Fuß- und Fersencreme, Eucerin® TH 10 % Urea Fußcreme)	Zum Weichhalten, zur Pflege der Füße
Bequemes Schuhwerk tragen. Häufig Schuhe wechseln. Langes Stehen vermeiden	Zur Vermeidung von Druckstellen und Hühneraugen
Professionelle Fußpflege	Zur Vermeidung von Verletzungen, zur professionellen Behandlung von Schrunden und Rissen
Fußgymnastik unter krankengymnastischer Anleitung	Zur Behandlung von Zehenfehlstellungen
Eigene Ideen:	

Empfehlung zu Hühneraugen

- bei Patienten, die besondere Vorsicht bei Fußverletzungen zeigen sollten, z. B. Diabetikern
- bei der Planung eines Wanderurlaubs
- bei Eltern mit Kindern, die am liebsten nur ein einziges Paar Schuhe tragen

HUSTEN

K: „Ich hätte gerne ACC® akut."

A: „Die hustenlösenden Brausetabletten? Sollen sie für Sie sein?"

K: „Ja, sie sind für mich."

A: „Welche Beschwerden haben Sie denn genau?"

K: „Also den ganzen Tag muss ich mich ständig räuspern. Dabei habe ich so ein Kratzen im Hals. Manchmal kann ich auch schon etwas Abhusten. Aber am Schlimmsten ist es nachts. Sobald ich mich hinlege, kitzelt es im Hals. Und wenn ich einmal anfange, kann ich gar nicht mehr aufhören zu husten."

A: „Haben Sie noch andere Beschwerden wie z. B. Fieber oder Schmerzen?"

K: „Nein, nur im Hals tut es mir weh."

A: „Waren Sie mit diesen Beschwerden schon beim Arzt?"

K: „Nein, dafür habe ich keine Zeit, ich muss arbeiten."

A: „Also mit den ACC® akut haben Sie einen sehr gut wirksamen Hustenlöser. Was Sie jetzt aber zunächst brauchen, ist ein Mittel, was den lästigen Hustenreiz dämpft. Dafür empfehle ich Ihnen diese Tropfen. Nehmen Sie sie auf jeden Fall zur Nacht, am besten eine halbe Stunde vor dem Schlafengehen, damit sie wirken, bevor Sie sich hinlegen. Für den Tag eignen sich diese Lutschtabletten. Sie können nach Bedarf gelutscht werden. Dabei wirken Sie gegen dieses Kitzeln und Kratzen im Hals und helfen Ihnen ohne Husten durch den Tag.

Es ist sinnvoll, sich den Hustenlöser trotzdem schon jetzt mit nach Hause zu nehmen, denn Ihr Husten wird in zwei, drei Tagen so produktiv sein, dass Sie den Schleim lösen müssen, um ihn besser abhusten zu können. Sie können das unterstützen, wenn Sie zudem noch Dampfbäder mit ätherischen Ölen durchführen, entweder mit dieser Bronchialsalbe oder mit diesen Tropfen. Und wenn Sie es dann noch ein bisschen ruhiger angehen lassen und sich möglichst schonen, dann sind Sie in wenigen Tagen über die schlimmsten Beschwerden hinaus."

Tipps für die Praxis:

Empfehlen Sie zunächst das gewünschte Produkt!

- Kunden scheinen meist genau zu wissen, was sie wollen. Das scheint aber nur so. Jeder Mensch ist dankbar für zusätzliche Tipps! Nehmen Sie auch einen konkreten Wunsch als Aufforderung zur indikationsbezogenen Beratung.

- Holen und zeigen Sie zunächst das gewünschte Produkt, bevor Sie etwas anderes empfehlen. Ansonsten wächst im Kunden ein Widerstand, der schwierig zu überwinden ist.

- Bestätigen Sie zunächst den Wunsch des Kunden. Fallen Sie mit Ihren Empfehlungen nicht mit der Tür ins Haus.

Zusatzempfehlung bei Husten	Nutzen
Chemischer oder pflanzlicher Hustenreizstiller in Form von Tabletten, Tropfen oder Saft bei unproduktivem Hustenreiz, vor allem in der Nacht (Broncho-Sern®, Neo Tussan®, Sedotussin®)	Zur Schonung der Bronchien, für ein ausreichende Nachtruhe
Chemischer oder pflanzlicher Sekretlöser in Form von Brausetabletten, Dragees, Retardtabletten, Tropfen oder Saft (ACC® akut, Mucosolvan®, Bisolvon®, Bronchicum®, Sinuforton®, Gelomyrtol®, Sinupret®)	Zur Sekretverdünnung, zum erleichterten Abhusten, zur Beschleunigung des Abhustens
Lutschtabletten mit sekretlösenden, reizlindernden, lokalanästhetischen, desinfizierenden Wirkstoffen (Mucoangin®, Dolo Dobendan®, Lemocin®)	Zur Befeuchtung des Hals-Rachenraums, zur Reizlinderung, zur Schleimverflüssigung im Hals-Rachenbereich
Arzneitees mit sekretlösenden oder reizlindernden Wirkstoffen (Sidroga® Husen- und Bronchialtee N). Dampfbäder mit ätherischen Ölen, Kochsalzlösung zur Inhalation, Bronchialsalben (Bronchoforton®, Pinimenthol®, Transpulmin®), warme Brustkompressen	Zur Befeuchtung des Hals-Rachenraums, zur lokalen Reizlinderung, zur Schleimverflüssigung, zur lokalen Abwehrsteigerung durch Wärme
Abwehrsteigernde Maßnahmen, z. B. Echinacea, Thuja, Vitamin C, Zink in Form von Tropfen, Dragees, Brausetabletten (Echinacin®, Esberitox®, Cetebe®, Zinkorotat® Pos, Cetebe® Abwehrplus)	Zur Steigerung der Infektabwehr, zur schnelleren Genesung, zur Vorbeugung vor erneuten Infektionen
Bei starken begleitenden Kopf- und Gliederschmerzen Analgetikum (Aspirin®, Benuron®, Dolormin®)	Zur Verbesserung des Allgemeinbefindens

Körperliche Schonung, Spaziergänge an frischer Luft, Wärme, Schal, Wärmflasche, Rotlichtbestrahlung, Erhöhung der Luftfeuchtigkeit, ausreichende Flüssigkeitsaufnahme	Zur Steigerung der Abwehr, zur Besserung des Allgemeinbefindens
Arztbesuch bei sehr starken Beschwerden, bei über Tage anhaltenden Beschwerden	Zur Abklärung der Differentialdiagnose, zur gezielten Behandlung
Eigene Ideen:	
Empfehlung zu Husten - bei anderen Erkältungssymptomen - bei Angehörigen, die für die kranke Familie einkaufen	

Tipps für die Praxis:

Darf es ein bisschen mehr sein?

■ Bei einigen Indikationen bieten sich sehr viele Empfehlungen an. Achten Sie genau auf die Reaktion der Kunden. Vielleicht reicht einer Kundin eine einzelne zusätzliche Empfehlung aus. Nicht die Menge, sondern die Individualität macht das Besondere an Ihrer Zusatzempfehlung aus. Vielleicht möchte ein anderer Kunde gerne fünf oder sechs Empfehlungen. Enttäuschen Sie ihn nicht!

INSEKTENSTICHE

K: „Ich hätte gerne Systral® Creme."

A: „Möchten Sie die Creme gegen Mückenstiche?"

K: „Ja, gestern haben wir noch lange auf der Terrasse gesessen und dabei bin ich völlig zerstochen worden. Am Bein habe ich bestimmt acht Stiche. Den einen Stich habe ich gleich aufgekratzt und er hat sich schon entzündet."

A: „So schön es abends noch im Freien ist, aber die Mücken können einem den ganzen Spaß verderben. Systral® Creme wird Ihnen da gut helfen. Sie wissen sicherlich, dass Sie aufgekratzte Mückenstiche am besten gleich desinfizieren sollten, damit sie sich nicht entzünden. Gegen die Entzündung empfehle ich Ihnen eine leichte Cortisoncreme, damit die Beulen bald wieder abschwellen und die Rötung schneller verschwindet. Und beim nächsten Mal werden Sie bestimmt vorsorglich ein Insektenschutzmittel auftragen, stimmt's?"

Tipps für die Praxis:

Ideen für Zusatzempfehlungen

■ Ideen für Zusatzempfehlungen entstehen dadurch, dass außerhalb von vorgegebenen Grenzen und quer gedacht wird. Mehrere Menschen zusammen kommen auf mehr Ideen als jeder alleine. Nutzen Sie die Möglichkeiten der Ideensammlung im Team! Besprechen Sie Regeln zur Ideenfindung und setzen Sie sich Ziele!

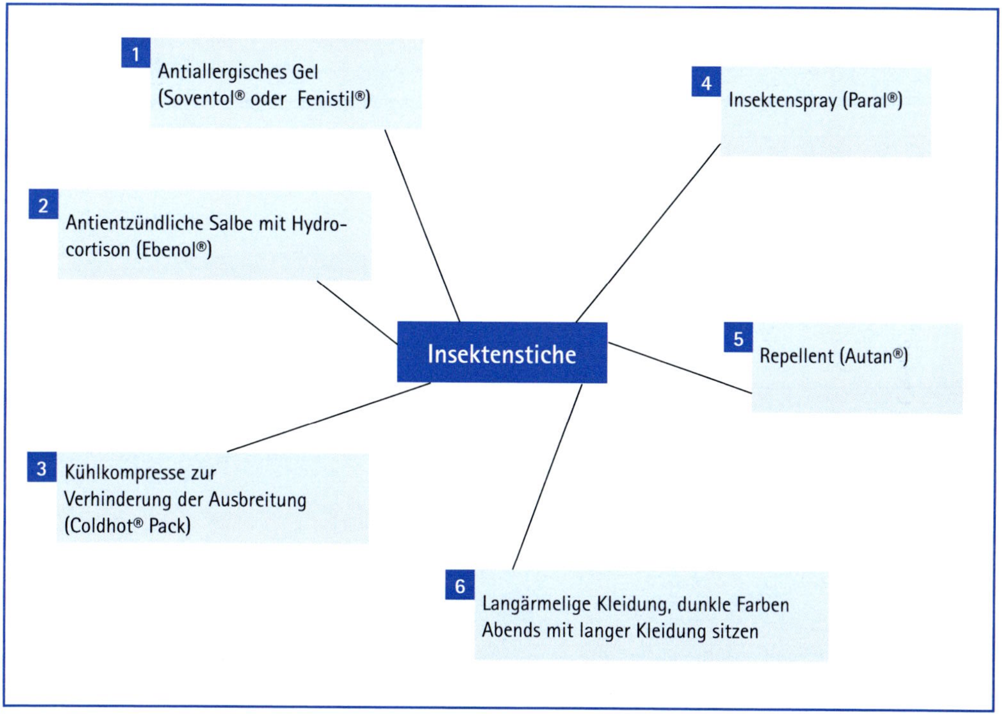
Insektenstiche
1 Antiallergisches Gel (Soventol® oder Fenistil®)
2 Antientzündliche Salbe mit Hydrocortison (Ebenol®)
3 Kühlkompresse zur Verhinderung der Ausbreitung (Coldhot® Pack)
4 Insektenspray (Paral®)
5 Repellent (Autan®)
6 Langärmelige Kleidung, dunkle Farben Abends mit langer Kleidung sitzen

Zusatzempfehlung bei Insektenstichen	Nutzen
Antiseptikum bei aufgekratzten Stichen (Octenisept®)	Um zu verhindern, dass sich die Stiche infizieren
Hydrocortison-haltige Salben (Soventol® HC, Ebenol®)	Gegen die Entzündung mit Rötung, Schwellung und Erhitzung der umgebenden Hautstelle
Kalte Kompressen (Cold Hot Pack®) bzw. Wickel mit essigsaurer Tonerde, Essigwasser, Alkohol	Zum Kühlen und als Desinfektionsmittel
Antihistaminika-haltige Tropfen (Fenistil® Tropfen, Zyrtec® P Tropfen)	Zur schnellen Behandlung von (Bienen- und Wespen-) Stichen im Mundbereich
Repellents (Autan®, Azaron® Before, Perysan®)	Zur Vermeidung zukünftiger Stiche
Zeckenzange	Zur schnellen Entfernung von Zecken
Zusätzlich: Möglichst viel Haut bedecken, kein Parfum verwenden, nachts mit Moskitonetz schlafen	Zur Eindämmung von Stichen
Eigene Ideen:	

Empfehlung zu Insektenstichen
- beim Thema „Reiseapotheke" oder „Hausapotheke"
- beim Kauf von Insektenschutzmitteln
- bei der Reiseimpfberatung, bei der Information nach Fernreisen
- bei Familien mit Kindern
- im Sommer bei einer Insektenplage (Wespen, Mücken)
- im Sommer bei der Planung von Aktivitäten (Kinderfest, Grillfest, Familienfeier)

Tipps für die Praxis:

Regeln für Brainstorming

- Es sollten möglichst alle Mitarbeiter des Apothekenteams mitmachen, um möglichst verschiedene Gedankengänge aufzugreifen und um ein Ergebnis zu erhalten, dem alle zustimmen können.

- Das Brainstorming sollte nicht länger als 20 Minuten dauern.

- Alle Vorschläge werden gehört und festgehalten.

- Die Menge der Ideen zählt, nicht die Qualität.

- Kritik ist verboten! In der Phase des Ideensammelns darf noch keine Bewertung der Vorschläge stattfinden. Killerphrasen, wie z. B. „Das klappt ja doch nicht!", werden ignoriert oder mit einem Euro Strafe belegt.

- Nach der Phase des Ideensammelns können die Vorschläge gruppiert und ergänzt werden. Zu den Empfehlungen werden die beiden Fragen gestellt: 1. Wem biete ich diese Empfehlung an? 2. Zu welchem Nutzen biete ich diese Empfehlung an? Dabei fallen einige (nicht ganz ernst gemeinte) Vorschläge wieder heraus.

- Die Ergebnisse können in eine Tabelle übertragen werden und sollten eine Zeit lang aushängen, bevor sie in einen Ordner „Zusatzempfehlungen" festgehalten werden.

KOPFSCHMERZEN

K: „Ich möchte Ibuprofen-Tabletten, 400 mg, 20 Stück."
A: „Ja, gern, Sie wissen genau, was Ihnen hilft, stimmt's? Nehmen Sie sie gegen Kopfschmerzen?"
K: „Ja, gegen Kopfschmerzen. Wissen Sie, ich habe ziemlich viel Stress, da bleiben Kopfschmerzen nicht aus. Wenn ich hiervon eine Tablette nehme, sind die Kopfschmerzen normalerweise bald verschwunden. Warte ich zu lange, werden die Kopfschmerzen so stark, dass gar nichts mehr hilft."
A: „Gut, dass Sie sich auskennen und das Mittel gefunden haben, was Ihnen in dieser Situation gut hilft! Sie wissen sicherlich, dass Sie am besten auch etwas zur Stressvermeidung tun sollten, damit die Kopfschmerzen möglichst gar nicht erst auftreten?"

Tipps für die Praxis:

Der eigenverantwortliche Kunde

■ Gehen Sie davon aus, dass der Kunde Bescheid weiß. Formulieren Sie so vorsichtig, dass er sich nicht belehrt fühlt.

■ Formulierungen, die die Eigenverantwortlichkeit des Kunden betonen:
- „Sie wissen am besten, was Ihnen hilft."
- „Sie kennen sicherlich...."
- „Sie haben bestimmt schon ... ausprobiert/angewendet."
- „Wie kommen Sie denn mit ... zurecht?"
- „Sie haben bestimmt auch schon daran gedacht..."

Zusatzempfehlung bei Kopfschmerzen	Nutzen
Minzöl zum Einreiben der Schläfen, zur Inhalation über den Handrücken (JHP®Rödler, Euminz®)	Zur Beeinflussung der Weite der Blutgefäße im Kopfbereich
Nerven- und Beruhigungstees, Entspannungsbäder (Claire Fischer® Wellness Lavendel oder Mandarine-Mandel Aromabad), Aromatherapie, Gesichtsmasken	Um besser mit dem Alltagsstress umgehen zu können, um zur Ruhe zu kommen
Pflanzliche Beruhigungsmittel, vor allem Baldrian (Baldrian-Dispert®, Euvegal® Balance)	Bei starker innerer Unruhe zur Beruhigung
Johanniskraut (Felis®, Laif®, Neuroplant®)	Bei Neigung zu depressiven Verhaltensmustern
Massageöle, gut duftende fette Öle, Massagebälle, durchblutungsfördernde Badezusätze, Wärmepflaster (ThermaCare®)	Zur Entspannung der Nackenmuskulatur bei muskulären Verspannungszuständen
Bei Kopfschmerzen mit begleitender Übelkeit Antiemetika (Vomex®), bitterstoffhaltige Tropfen (Iberogast®) oder Tees, magenschonende Tees (Pfefferminze, Kamille)	Zur Verbesserung der Wirkstoffaufnahme, zur schnelleren und vollständigen Wirksamkeit der Analgetika
Bei gleichzeitigem niedrigen Blutdruck kreislaufanregende Tropfen (Etilefrin, z. B. Effortil®, Weißdorn, Campher, z. B. Korodin®)	Zur Verbesserung der Hirndurchblutung
Ärztliche Therapie (stärkere Schmerzmittel oder Antidepressiva)	Bei häufigem Schmerzmittelgebrauch zur Behandlung des analgetikabedingten Kopfschmerzes, bei starken Schmerzen zur Abklärung der Ursache und effektiven Schmerztherapie

Stressvermeidung, Erlernen von Entspannungstechniken (Progressive Muskelrelaxation nach Jacobsen, autogenes Training)	Zur Vermeidung einer der Ursachen, zur Verbesserung des Umgangs mit Schmerzen
Wirbelsäulengymnastik zur Stabilisierung der Nackenmuskulatur	Zur Vermeidung der Ursachen, zur Vorbeugung
Je nach Kopfschmerztyp entweder absolute Ruhe oder leichte körperliche Betätigung oder sogar Sport	Zur Erleichterung des Schmerzes
Je nach individueller Verträglichkeit entweder Wärmewickel oder kalte Kompressen	Zur Erleichterung des Schmerzes
Arztbesuch	Zur Abklärung der Diagnose und gezielter Therapie
Eigene Ideen:	
Empfehlung zu Kopfschmerzen - beim Thema „Hausapotheke" und „Reiseapotheke" - beim Thema „Stress" und „Entspannung" - bei Patienten, die an Schlaflosigkeit leiden	

Tipps für die Praxis:

Beraten Sie auch bei heiklen Themen

■ Gerade bei heiklen Themen wie Schmerztabletten oder Nasensprays trauen wir uns gar nicht nachzufragen aus Angst, dass der Kunde sowieso abblockt. Der Kunde lässt sich auf kein Gespräch ein aus Angst, dass wir ihm seinen Wunsch ausreden wollen.

■ Hier hilft es, wenn Sie so positiv wie möglich von dem gewünschten Mittel sprechen. Loben Sie das Mittel, das er genannt hat, und preisen Sie seinen Nutzen! Nur wenn der Kunde sich sicher fühlt, dass er kaufen kann, was er will, haben Sie überhaupt eine Möglichkeit zur Beratung und zu einer guten Empfehlung.

- „Ein gutes Mittel gegen Schmerzen! Sie kommen bestimmt gut damit zurecht?"
- „Ein gutes Mittel, um die Nase frei zu machen, ohne diese Nasentropfen bekäme man bei Schnupfen überhaupt keine Luft!"

MAGENSCHMERZEN UND SODBRENNEN

K: „Ich hätte gerne Maaloxan®-Tabletten."

A: „Gern, die Kautabletten gegen Magenschmerzen und Sodbrennen. Kommen Sie gut damit zurecht?"

K: „Ja, es geht so, aber etwas Besseres gibt es doch wohl nicht?"

A: „Maaloxan® wirkt sehr gut, wenn es darum geht, überschüssige Magensäure zu neutralisieren. Es gibt aber schon noch Mittel, die stärker auf den Magen einwirken. Welche Beschwerden haben Sie denn genau?"

K: „Also, nach dem Essen habe ich oft solch einen Druck im Magenbereich. Manchmal bekomme ich dann ein saures Aufstoßen, was mir ein Brennen in der Speiseröhre verursacht."

A: „Treten die Beschwerden nur nach dem Essen auf?"

K: „Ja, eigentlich... Nein, manchmal auch lange nach dem Essen. Nachts, wenn ich mich hinlege, bekomme ich manchmal Sodbrennen, dass ich meinen Kopf auf ein hohes Kissen lege, damit die Säure unten im Magen bleibt."

A: „Wie häufig haben Sie die Beschwerden?"

K: „Im Moment habe ich es so ein bis zweimal in der Woche. Wenn Sie mich vor einem Monat gefragt hätten, hätte ich geantwortet, ich habe einen Magen wie ein Pferd. Bis vor kurzem kannte ich solche Beschwerden gar nicht! Aber ich habe meine Arbeitsstelle gewechselt und das ist doch nervenaufreibender als ich gedacht habe."

A: „Wenn Sie mir von Ihren Beschwerden berichten, hört es sich für mich so an, als wäre es wahrscheinlich ein kurzfristiges Problem, dass vorbei geht, wenn Sie sich auf Ihrer neuen Arbeitsstelle eingelebt haben. Ihr Magen braucht auf jeden Fall Hilfe, um

wieder zur Ruhe zu kommen und die Reizung ganz ausheilen zu lassen. Dafür sind die Maaloxan®-Kautabletten sehr gut. Sie neutralisieren die überschüssige Säure, die Ihre Magenschleimhaut angreift. Da Ihre Magenschmerzen häufig nach dem Essen auftreten, empfehle ich Ihnen zusätzlich jeweils vor den Mahlzeiten diese Iberogast®-Tropfen einzunehmen. Sie bewirken, dass sich der Magen zügig entleert und damit Ihr Magendruck verschwindet. Besonders wichtig ist es, dass Ihr Magen nachts Zeit hat, um auszuheilen. Deshalb wäre es gut, wenn Ihr Magen zur Nacht keine unnötige Säure produzieren würde. Dafür gibt es diese Tabletten, die Sie vor dem Schlafengehen einnehmen.
Ihre Magenbeschwerden sollten innerhalb von maximal zwei Wochen verschwinden. Wenn nicht, sollten Sie einen Arzt aufsuchen."

Tipps für die Praxis:

Eine erste Frage zum Einstieg

- Beobachten Sie nach einer ersten Frage, wie Ihr Kunde reagiert. 75% aller Kunden mögen ein Beratungsgespräch und erwarten Ihre Empfehlung! Diese Kunden gehen sofort auf die Beratung ein und erzählen gerne von ihren gesundheitlichen Problemen. Jetzt ist der Weg in die Zusatzempfehlung offen.

- Akzeptieren Sie aber auch die Zurückhaltung der anderen. Bestätigen Sie noch einmal die gute Wahl des Kunden und verabschieden ihn freundlich!

Zusatzempfehlung bei Magenschmerzen und Sodbrennen	Nutzen
Antazidum (Maaloxan®, Riopan®, Talcid®)	Gegen den Schmerz durch überschüssige Säure
H_2-Antagonist (Pepcid®akut, Zantic® 75 mg)	Zur kurzfristigen Blockade der Magensäureproduktion, bei starken Säure-bedingten Schmerzen
Verdauungsanregende Bitterstoffe (Iberogast®)	Um die Magenentleerung zu beschleunigen, um Reizungen durch zu lange Liegezeiten zu vermeiden
Spasmolytikum (Buscopan®)	Zur Besserung von krampfartigen Schmerzen
Tee aus Melissenblättern, Kamillenblüten und Pfefferminzblättern	Zur Beruhigung des Magens
Verzicht auf Alkohol, Nicotin, Kaffee und scharfen Speisen	Zur Schonung der Magenschleimhaut
Entspannungstechniken	Zum Ausschalten von Stress als Ursache der Magenschmerzen
Arztbesuch zur Abklärung der Diagnose und Verordnung stärkerer Arzneimittel	Zur Beseitigung der Magenschmerzen, um eine möglichst vielfältige Ernährung zu ermöglichen
Johanniskraut (Felis®, Laif®, Neuroplant®)	Wenn chronische Magenverstimmungen im Zusammenhang mit depressiven Verstimmungen auftreten
Eigene Ideen:	
Empfehlung zu Magenschmerzen - beim Thema „Hausapotheke" und „Reiseapotheke" - bei Menschen im Prüfungsstress, in besonders stressreichen Situationen	

Tipps für die Praxis:

Zum Nutzen des Kunden

■ Bei einer Zusatzempfehlung geht es nicht ums Verkaufen um jeden Preis. Es geht nicht darum, jeden Kunden statt mit einer Arzneimittelpackung mit einer prall gefüllten Tüte voller Medizin nach Hause zu schicken. Es geht nicht um maximalen Umsatz, sondern um maximalen Nutzen für den Kunden.

■ Zusatzverkauf bringt Zusatznutzen!

■ Arzneimittel zu kennen bedeutet, nicht nur die chemischen und pharmakologischen Eigenschaften der Wirkstoffe aufzählen zu können, sondern vor allem den praktischen Nutzen zu erkennen.

■ Vermitteln Sie bei allen Empfehlungen den Nutzen des Mittels für den Patienten.

■ Dafür müssen Sie aber zunächst den Bedarf und die Bedürfnisse Ihres Kunden kennen lernen. Das heißt: strukturieren Sie Ihr Gespräch so, dass Sie seine Wünsche erfahren. Dafür ist es sinnvoll, wenn Sie für seine Indikation schon ein „Rund-um-Versorgungspaket" im Kopf haben. Fragen Sie im Verlauf des Gesprächs, welche Mittel aus diesem Empfehlungspaket dieser Kunde gebrauchen könnte. Hören Sie genau zu, denn dabei erfahren Sie die Argumente, warum Sie ihm dies empfehlen können.

■ Was Sie nicht erfragen, werden Sie nicht erfahren!

MENSTRUATIONSBESCHWERDEN

K: „Ich hätte gerne Ibuprofen-Tabletten."
A: „Sie nehmen sie gegen Kopfschmerzen?"
K: „Nein, gegen Regelschmerzen. Das Einzige, was mir hilft."
A: „Mit diesem Mittel haben Sie auch einen Wirkstoff, der sehr gut gegen Schmerzen hilft, besonders übrigens gegen krampfartige Schmerzen. Ansonsten hilft Ihnen wahrscheinlich Wärme, am besten eine Wärmflasche auf dem Bauch, stimmt's?"
K: „Ja, aber damit kann ich mich ja nicht ins Büro setzen!"
A: „Dafür gibt es ja zum Glück heißen Tee, der von Innen wärmt. Gut sind Tees, die gleichzeitig noch krampflösend wirken."

Tipps für die Praxis:

Zeit ist Zuwendung

- Lassen Sie sich auf ein Gespräch mit Ihren Kunden ein und lassen Sie sich Zeit für Zusatzempfehlungen.

- Der Weg ist das Ziel: nicht unbedingt der Abschluss eines Zusatzverkaufs steht im Mittelpunkt, sondern die zusätzliche Zeit, die Sie mit Ihrem Kunden in Sorge um seine Gesundheit verbringen.

- Die Aufmerksamkeit, die Sie ihm schenken, wird er dankbar annehmen und zu schätzen wissen.

- Zusatzempfehlungen sind Zuwendung für den Kunden!

Zusatzempfehlung bei Menstruationsbeschwerden	Nutzen
Wärmeanwendungen, Wärmepflaster (Therma Care®), warme Wickel, z. B. Heublumenwickel, leichte Massage mit Johanniskraut- oder Mandelöl	Zur Krampflösung, Erleichterung bei krampfartigen Schmerzen
Spasmolytikum (Buscopan®)	Zur Krampflösung, Erleichterung bei krampfartigen Schmerzen
Frauenmantel-, Schafgarben-, Pfefferminz-, Kamillentee	Zur Krampflösung, Erleichterung bei krampfartigen Schmerzen
Magnesiumsubstitution (Biolectra® Magnesium, Magnesium®Verla)	Zur Krampflösung, Erleichterung bei krampfartigen Schmerzen
Mönchspfefferextrakt in Form von Tabletten oder Tropfen (Agnolyt®, Agnucaston®, Femicur®N)	Zur Regulation der Periodenstärke, zur Verringerung der krampfartigen Schmerzen, zur Verminderung von prämenstruellen Beschwerden
Vitamin B_6, ungesättigte Fettsäuren aus Fischöl und Nachtkerzenöl	Zur Regulation des prämenstruellen Syndroms, zur Regulation von dysmenorrhoischen Beschwerden
Ruhe, Entspannung. Wärme (Wärmflaschen), warme Vollbäder oder Sitzbäder mit Kamille (Kamillosan®), Lavendel (Weleda Lavendelbad®), Melisse	Zur Vermeidung von stressbedingter Verkrampfung Zur Krampflösung, Erleichterung bei krampfartigen Schmerzen
Arztbesuch	Zum Ausschluss von organischen Ursachen für starke Menstruationsbeschwerden, zur ärztlichen Therapie
Eigene Ideen:	
Empfehlung zu Menstruationsbeschwerden - bei Frauen, die Schmerzmittel „für Frauen" kaufen	

MUNDGERUCH

K: „Ich hätte gerne Stozzon®. Das wirkt doch gegen Mundgeruch, oder?"
A: „Ja, Stozzon® soll über seine Inhaltsstoffe gasförmige Bestandteile der Luft binden und damit Mundgeruch verschwinden lassen. Ob es hilft, hängt aber auch davon ab, was denn wohl die Ursache für Ihren Mundgeruch ist. Essen Sie gern Knoblauch? Oder haben Sie sonst etwas stark Riechendes gegessen?"
K: „Na ja, ich esse wirklich gerne Knoblauch. Das war bislang auch kein großes Problem. Aber gestern hat sich mein Freund weggedreht und gesagt, ich würde aus dem Mund riechen. Was kann ich denn da machen?"
A: „Tja, da gibt es keine einfache Lösung, in dem Sinne „eine Tablette und gut!" Mundgeruch kann eine Reihe von Ursachen haben. Ist es zum Beispiel so, dass Sie zu stark nach Gewürzen oder Knoblauch riechen, können Sie z.B. das Stozzon® nehmen. Sie sollten es fein zerkauen und herunterschlucken. Gleichzeitig können Sie noch starke oder scharfe Bonbons lutschen. Diese Hustenbonbons kann ich Ihnen hierfür empfehlen. Sie überdecken den Geruch für einige Zeit, und in wenigen Stunden verschwindet der Geruch von Knoblauch zum Beispiel auch von alleine wieder.

Manchmal liegen die Ursachen für Mundgeruch aber auch an ungenügender Reinigung der Zähne und vor allem der Zahnzwischenräume. In diesem Fall hilft eine gründliche Zahnreinigung mit neuer Zahnbürste, Zahnseide oder Zahnzwischenraumbürsten und allem, was dazu gehört. Zur Unterstützung können Sie hier eine Gurgellösung einsetzen, die verhindert, dass Bakterien im

Mund wachsen können, die meist beteiligt sind an der Geruchsbildung.
Wenn das alles nicht ausreichend hilft, empfehle ich Ihnen zum Arzt zu gehen. Eventuell kann Ihnen der Zahnarzt helfen, vielleicht sollten Sie aber auch einen Hals-Nasen-Ohrenarzt um Rat fragen. Gemeinsam werden wir gegen den Mundgeruch eine Lösung finden."

Tipps für die Praxis:

Der selbstbestimmte Kunde

- Ein Kunde vertraut Ihrer Empfehlung nur, wenn er selbst entscheiden kann. Sobald er sich unter Druck gesetzt fühlt und merkt, dass Sie ihm keine echte Wahl lassen, blockt er ab, es baut sich Trotz auf, er lehnt die Empfehlung trotz aller guten Sachargumente ab.

- Lassen Sie ihm bei Ihren Empfehlungen die Möglichkeit abzulehnen:
  - „Vielleicht haben Sie dieses Mittel ja schon selbst im Haus."
  - „Vielleicht kommen Tropfen für Sie gar nicht in Frage".
  - „Vielleicht möchten Sie erst einmal zu Hause nachsehen, ob Sie noch einen Vorrat haben."

Zusatzempfehlung bei Mundgeruch	Nutzen
Scharfe oder stark schmeckende Lutschpastillen mit Menthol, Pfefferminz- oder Salbeiöl (z. B. Fisherman's Friend®, Wybert®, Pulmoll®) Gurgellösungen oder Mundwässer mit Salbei- oder Pfefferminzöl (Nur 1 Tropfen®, Salviathymol®)	Um den (unangenehmen) Geruch von Nahrungsmitteln, Nicotin oder Alkohol zu überdecken
Mundgeruch auslösende Speisen und Genussmittel meiden, Verzehr einschränken. Verwendung von Knoblauch, Zwiebeln, Meerrettich einschränken. Alkoholgenuss einschränken, wenn die „Fahne" stört, auf Alkohol ganz verzichten. Raucherentwöhnung, wenn Partner der Geruch nach Qualm stört.	Zur Vorbeugung gegen Mundgeruch
Regelmäßige Mahlzeiten. Extremdiäten, wie z. B. Atkins Diät, vermeiden. Lange Fastenzeiten ohne Aufnahme von Kohlenhydraten vermeiden, kleine Mahlzeiten (Frühstück) einplanen	Um einen unnormalen Stoffwechselweg (Ketoazidose) zu vermeiden, der zur Bildung von unangenehm riechendem Aceton führt
Optimale Zahnpflege nach jeder Mahlzeit mit neuer Zahnbürste, Zahnpasta, Zahnseide, Zahnzwischenraumbürste	Um Mundgeruch durch Nahrungsreste im Mund vorzubeugen
Verwendung von antiseptischen Gurgellösungen mit Chlorhexidin (Chlorhexamed®), Hexetidin (Hexoral®), Wasserstoffperoxid-Lösung (3 %), Povidon-Iod (Betaisodona®)	Zur Verringerung des Keimwachstums in der Mundhöhle, zur Unterstützung der Zahnreinigung, zur Behandlung von Zahnfleisch oder Mundschleimhauterkrankungen

Fluoridhaltige Gele (Elmex®Gelée) und Gurgellösungen (Meridol®)	Zur Kariesprophylaxe
Arztbesuch: Zahnarzt bei Zahn- und Zahnfleischerkrankungen, Hals-Nasen-Ohrenarzt bei Infektionen im Rachenraum, Allgemeinarzt bei anderen inneren Erkrankungen	Zur Abklärung der Ursache für Mundgeruch, zur ursächlichen Behandlung
Eigene Ideen:	
Empfehlung zu Mundgeruch - bei Kunden mit Wunsch abzunehmen (Ketoazidosegefahr) - bei Patienten, die mit DMSO behandelt werden (Geruch nach Knoblauch)	

Tipps für die Praxis:

Loben Sie sich selbst!

■ Alles, was wir tun, macht mehr Spaß, wenn wir hinterher eine positive Rückmeldung erhalten. Ein glücklicher Kunde ist natürlich die beste Bestätigung für unsere gute Arbeit, nicht immer berichtet uns der Kunde hinterher, wie zufrieden er mit unserer Empfehlung war. Kollegen stecken in ihren eigenen Beratungsgesprächen, so dass sie unsere Erfolge auch nicht mitbekommen. Ein Lob vom Chef ist auch nicht die Regel.

■ Positive Rückmeldungen kommen nicht von selbst, also sorgen Sie selbst für Ihre Bestätigung!

MUSKELSCHMERZEN

K: „Meine Diclo®-Tabletten, bitte. Hier ist das Rezept."

A: „Ja gern. Helfen die Tabletten Ihnen gut?"

K: „Ja, es geht so. Ich muss sie aber regelmäßig einnehmen. Wenn ich sie mal weglasse, treten die Schmerzen gleich wieder auf."

A: „Ja, leider wirken sie in den seltensten Fällen so, dass die zugrunde liegende Entzündung ausheilt. Bei chronischen Gelenkbeschwerden können sie damit aber sehr gut Ihre Schmerzen lindern. Ich empfehle Ihnen auf jeden Fall, sie regelmäßig einzunehmen."

K: „Zusätzlich nehme ich immer das Schmerzgel gegen meine Arthrose. Kann ich eigentlich sonst noch etwas gegen meine Schmerzen tun?"

A: „Mit dem Gel können Sie die Wirkung der Tabletten unterstützen. Da haben Sie die Behandlung von Innen und von Außen, nicht wahr? Es gibt zusätzlich noch andere Behandlungsmöglichkeiten, z. B. Teufelskralle. Es gibt überzeugende Studien, dass die Schmerzen mit Teufelskralle positiv beeinflusst werden. Eventuell können sie auf diese Weise die Menge an Schmerztabletten herabsetzen."

Tipps für die Praxis:

Recht auf Zusatzempfehlung!

■ Zusätzliche Empfehlungen sind die konsequente Fortsetzung einer guten Beratung. Jeder Apothekenkunde hat das Recht auf eine Beratung – jeder Kunde hat das Recht auf Zusatzempfehlungen!

Zusatzempfehlung bei Muskelschmerzen	Nutzen
Antirheumatika zum Einnehmen (Voltaren® dolo, Dolormin®)	Gegen Entzündung und starke Schmerzen, wenn die Salben nicht mehr ausreichen
Teufelskralleextrakt (Rivoltan®), Brennnesselextrakt (Hox Alpha®) u. a. pflanzliche Antirheumatika (Phytodolor®) Vitamin E	Zur Unterdrückung der (entzündlichen) Reaktionen im Gewebe, zur Verringerung des Schmerzmittelgebrauchs
Schmerzsalben mit chemischen oder pflanzlichen Antiphlogistika (Voltaren® Schmerzgel, Ibutop® Creme)	Zur lokalen Behandlung bei äußerlich zugänglichen Schmerzen zur Verringerung des Schmerzmittelgebrauchs
Je nach individueller Verträglichkeit Wärmeanwendungen, Thermosalben, (Hansaplast ABC® med Wärme-Salbe N, Rubriment®) Wärmepflaster, Thermowickel (Therma Care®), Rheumabäder (Rheuma Bad von Tetesept®), Fangopackungen, Einreibungen	Zur Lockerung von Muskelverspannungen gegen Schmerzen, die durch Muskelverkrampfungen ausgelöst werden
Je nach individueller Verträglichkeit Kälteanwendungen, Eiskompressen, Franzbranntwein, Eisspray (Sportslife® Eis-Spray)	Zur Abkühlung des akut entzündeten Gewebes
Gelenkstützen, Stützverbände (Futuro®, Cellacare®, Malleo®)	Zur Entlastung eines erkrankten Gelenkes
Calcium- und Vitamin D-Substitution bei osteoporotischen Schmerzzuständen (Calcimed® D3)	Zur Stabilisierung der Knochen, Frakturprophylaxe
Heparinsalben bei akuten Prellungen (Thrombophob®, Hepa-Gel®)	Zur schnelleren Hämatomauflösung
Technische Hilfsmittel	Zur Arbeitserleichterung im Haushalt

Ärztliche Therapie	Bei nicht ausreichender Wirksamkeit der Selbstbehandlung. Zur effektiven Schmerzbehandlung, eventuell Osteoporosebehandlung
Bewegung, Gymnastik evtl. unter fachmännischer Anleitung	Zum Erhalt der Beweglichkeit
Hilfen zur Gewichtsabnahme	Zur Entlastung der Knochen und Gelenke
Eigene Ideen:	
Empfehlung zu Muskelschmerzen - bei Arthrosepatienten - bei Sportlern - bei der Zusammenstellung von Reiseapotheken	

Tipps für die Praxis:

Umsorgen Sie den Kunden!

■ Fragen Sie genau nach, welche Beschwerden der Kunde behandeln möchte, welche Erwartungen er an Arzneimittel stellt und warum er schnell wieder gesund werden möchte. Hören Sie gut zu und geben Sie ihm eine individuelle Empfehlung. Je mehr passende Empfehlungen Sie geben, desto besser fühlt sich der Kunde von Ihnen umsorgt.

■ Zeigen Sie durch Ihre Empfehlungen:
- dass Sie sich in den Kunden hineinversetzen können,
- dass Sie seine Beschwerden ernst nehmen,
- dass Sie sich mit typischen Beschwerden und deren Behandlung auskennen,
- dass Sie es gut mit Ihrem Kunden meinen und
- dass Sie ihm helfen können und wollen.

■ Wenn Sie sich auf diese Weise um Ihren Kunden kümmern, entsteht das gute Gefühl der Sicherheit und Geborgenheit. Dieses Gefühl bleibt, unabhängig davon, ob er Ihre Empfehlungen annimmt oder ablehnt.

MUSKELKATER

K: „Ich hätte gerne das Dolobene® Gel."
A: „Ist es für Sie? Gegen welche Beschwerden wollen Sie es denn einsetzen?"
K: „Es ist nur zur Vorbeugung. Am Wochenende ist doch der Halbmarathon und ich laufe zum ersten Mal eine solch lange Strecke mit. Da werde ich bestimmt Muskelkater bekommen. Zur Sicherheit möchte ich dagegen etwas im Haus haben."
A: „Respekt! Eine tolle Sache solch ein langer Lauf. Wenn Sie stetig trainiert und sich damit gut auf den Lauf vorbereitet haben, dann können Sie vielleicht sogar Muskelkater vermeiden. Aber zur Sicherheit hilft Ihnen das Dolobene® auf jeden Fall. Ich rate Ihnen, am besten direkt vor dem Lauf und eventuell auch gleich im Anschluss an den Lauf, die Beine mit Arnika-Massage-Öl einzureiben. Das hält die Muskulatur geschmeidig und beugt Muskelschmerzen vor. Und am Abend nach dem Lauf wird Ihnen ein heißes Bad gut tun, damit sich der beanspruchte Körper wieder erholen kann."

Tipps für die Praxis:

Kostenlose Zusatztipps

- Geben Sie zusätzlich reichlich kostenlose Tipps. Physikalische Maßnahmen, Bewegung oder Ruhe, gesunde Ernährung, ausreichende Flüssigkeitszufuhr. Je mehr kostenlose Tipps dazukommen, desto wertvoller wird die Gesamtempfehlung.

Zusatzempfehlung bei Muskelkater	Nutzen
Durchblutungsfördernde Salben (Finalgon® Creme), Einreibungen (Rubriment® BN Öl) und Bäder (Weleda® Rosmarinbad, Thermo-Bad)	Zur Krampflösung der überlasteten Muskulatur, zur Verbesserung des lokalen Stoffwechsels, zur Förderung der Selbstheilungskräfte
Schmerzstillende Einreibungen (Dolobene® Gel, Ibutop® Creme, Arnika-Schmerzfluid®), Schmerzmittel (Aktren®)	Zur Schmerzlinderung, zur Wiederherstellung der Beweglichkeit
Vitaminreiche, abwechslungsreiche Kost	Zur Verhinderung von Nährstoffmangel durch Überbelastung
Regelmäßiges, gleichmäßiges Training rechtzeitig vor der Belastung	Zum kontinuierlichen Muskelaufbau, zur Vermeidung von Muskelüberlastung und Muskelkater
Eigene Ideen:	

Empfehlung zu Muskelkater
- bei Freizeitsportlern vor einer großen Veranstaltung (z. B. Marathon, Turnier)
- bei der Planung eines Sporturlaubs (Skiurlaub, Wanderurlaub, Trekkingtour)

NERVOSITÄT

K: „Ich hätte gerne so etwas wie Baldrian. Ich brauche unbedingt etwas, um tagsüber ruhiger zu werden."
A: „Sie möchten etwas zur Beruhigung? Wie äußert sich denn Ihre Unruhe?"
K: „Ich kann den ganzen Tag nicht ruhig sitzen, renne herum, kann mich auf nichts konzentrieren. Bei jedem Anlass fahre ich gleich aus der Haut. Und nachts kann ich dann nicht einschlafen."
A: „Trinken Sie tagsüber Kaffee?"
K: „Natürlich, sonst könnte ich mich doch gar nicht konzentrieren."
A: „Da ist Baldrian ein sehr gutes Mittel, um tagsüber ruhiger zu werden. Das alleine wird wahrscheinlich nicht ausreichen. Zusätzlich empfehle ich Ihnen von Ihrem Kaffee auf Tee umzusteigen. Es gibt leckere Teesorten auch für Kaffeetrinker, da wird auch etwas für Sie dabei sein. Am frühen Abend können Sie dann mit einem Entspannungsbad zur Ruhe kommen. Und abends eine Stunde vor dem Einschlafen kann ein Beruhigungstee getrunken werden."

Zusatzempfehlung bei Nervosität	Nutzen
Baldrian in Form von Tropfen, Dragees, Tee (Baldrian-Dispert®, Euvegal® Balance, Baldrian-Tinktur® Hetterich)	Zur inneren Beruhigung, wirkt nachts fördernd auf das Einschlafen, tagsüber Erhöhung der Konzentrationsfähigkeit
Johanniskraut in Form von Dragees (Felis®, Laif®, Neuroplant®)	Zur Beruhigung, wenn niederdrückende Rolle oder Angstzustände Auslöser einer inneren Unruhe sind
Ersatz von Coffein-haltigen Getränken durch Alternativen: Kräutertee	Zur Verhinderung des weiteren Aufputschens
Massagen mit Massageölen, Wärmekompressen	Zur körperlichen Entspannung, zum Auflösen von Muskelverspannungen
Entspannungsbäder (Claire Fischer® Wellness Lavendel oder Mandarine-Mandel Aromabad), Duftlampen, Entspannungsmusik	Zum Abschalten, als Auszeit, zum Genießen und Wohlfühlen
Entspannungsmethoden, wie Yoga oder autogenes Training	Zur aktiven Entspannung
Ausreichende Schlaf- und Ruhezeiten	Zum Krafttanken, zum Stressabbau
Eigene Ideen:	

Empfehlungen zu Nervosität

- bei gestressten, unruhigen Patienten
- bei Patienten mit Magenschmerzen und Sodbrennen
- bei Patienten mit stress- und verspannungsbedingten Kopfschmerzen
- bei Patienten mit Schlafstörungen
- bei Patienten mit chronischen Darmerkrankungen, Reizdarm, „nervösem Magen"
- bei Patientinnen mit Wechseljahrsbeschwerden
- bei Kunden, die sich das Rauchen abgewöhnen wollen

NEURODERMITIS

K: „Ich hätte gerne Linola®-fett Creme."
A: „Gerne. Ist die Salbe für Sie? Wie häufig wenden Sie die Creme an? Brauchen Sie sie häufiger, dann empfehle ich Ihnen die große Tube?"
K: „Ja, geben Sie mir die große Tube. Ich brauche sie ständig. Ich behandele damit meine Neurodermitis."
A: „Sie brauchen es zur regelmäßigen Hautfettung? Kommen Sie gut damit zurecht?"
K: „Ja, es geht eigentlich ganz gut. Manchmal muss ich diese Creme jede Stunde nachschmieren."
A: „Bestimmt wissen Sie, dass Sie im Wechsel auch Harnstoff-haltige Pflegesalben verwenden können, um der Haut neben dem Fett auch genügend Feuchtigkeit zuzufügen?
Bei der Hautreinigung sind Sie sicherlich auch sehr vorsichtig, nicht wahr? Welches Mittel verwenden Sie dafür? – Ich würde Ihnen da ein rückfettendes Duschöl empfehlen.
Für den Notfall, falls Sie trotzdem einen Neurodermitis-Schub bekommen, haben Sie bestimmt immer etwas im Haus? Was benutzen Sie da?"

Zusatzempfehlung bei Neurodermitis	Nutzen
Hydrocortison (Ebenol®, Systral® Hydrocort Lotion)	Gegen die entzündlichen Hautveränderungen
Einnahme von Antihistaminika (Ceterifug®, Loraderm®)	Zur Unterdrückung der Histaminvermittelten Entzündungsreaktion
Lokalanästhetika (Thesit® Gel, Balneum Hermal® plus)	Zur lokalen Juckreizstillung, gegen Schmerzen
Gerbstoffe (Tannolact® Creme)	Zur Abmilderung der Entzündung
Hautfettung (Excipial® Mandelölsalbe)	Zur intensiven Pflege der Haut
Harnstoffsalben (Remederm® Creme Widmer, Eucerin® TH Salbe 10% Urea, Ureata®)	Zur Rehydrierung der Hornschicht, um der Haut Feuchtigkeit zuzufügen
Milde Reinigung, pH-neutral, rückfettend (Eucerin® pH5 Duschöl, Waschlotion)	Um die Hautflora möglichst intakt zu lassen, um die Haut so wenig wie möglich bei der Reinigung zu reizen
Nachtkerzensamenöl (Efamol® 500-Kapseln)	Zur langfristigen Verringerung des Juckreizes
Andere alternative Heilmethoden (Borretschöl, Eigenblutbehandlung, Stutenmilch)	Um alle Möglichkeiten auszuschöpfen, bei Zweifel an der Schulmedizin, um den Plazeboeffekt auszunutzen
Arztbesuch (Hautarzt)	Für stärker wirksame Wirkstoffe und Therapien
Allergentestung	Um Allergieauslöser zu meiden
Kleidung möglichst aus Baumwolle, Synthetikmaterialien meiden	Zur Vermeidung von unnötigen Reizungen und Allergien
Kontakt zu Selbsthilfegruppen	Um psychische Unterstützung zu erhalten
Eigene Ideen:	

OHRENSCHMERZEN

K: „Ich hätte gerne Otalgan®-Ohrentropfen."

A: „Sie brauchen Ohrentropfen gegen Ohrenschmerzen? Welche Beschwerden haben Sie denn genau?"

K: „Es ist nicht für mich, sondern für meine Tochter."

A: „Und wie alt ist Ihre Tochter?"

K: „Sie ist acht Jahre alt. Sie hat es schon immer mit den Ohren gehabt... Sobald eine Erkältung im Anmarsch ist, bekommt sie Ohrenschmerzen. So auch diesmal!"

A: „Hat sie auch Schnupfen dabei?"

K: „Genau, mit Schnupfen fängt es meist an. Und wenn nachts die Nase zusitzt, wacht sie morgens mit Ohrenschmerzen auf."

A: „Hat sie noch andere Beschwerden? Kopfschmerzen, Fieber?"

K: „Nein, davon hat sie nichts gesagt."

A: „Dann weiß ich jetzt besser einzuschätzen, wie Ihre Tochter ihre Ohrenschmerzen so schnell wie möglich wieder los wird. Die Ohrentropfen sind ein altbewährtes Mittel und werden gerne genommen, aber sie wirken nur im äußeren Gehörgang. Um die Ursache der Ohrenschmerzen zu behandeln, sollten Sie zusehen, dass die Nase Ihrer Tochter frei bleibt. Sie braucht dafür ein Nasenspray. Denn durch die Nase muss das Sekret abfließen. Bei einer Erkältung bildet sich das Schnupfensekret nicht nur in den Stirn- und Nebenhöhlen, sondern auch im Mittelohr. Und das ist es, was aufs Trommelfell drückt und diese Ohrenschmerzen verursacht. Geben Sie ihr am besten dreimal täglich diese Tropfen. Noch besser löst sich der Schnupfen, wenn Ihr Kind inhaliert. Dafür eignet sich zum Beispiel diese Salbe. Die kennen Sie bestimmt; vielleicht haben Sie sie schon zu Hause im Arzneischrank.

Wenn die Ohrenschmerzen nach zwei Tagen nicht deutlich besser geworden sind oder sogar noch stärker werden, gehen Sie mit Ihrer Tochter auf jeden Fall zum Arzt. Denn es besteht die Gefahr, dass die Flüssigkeit sich im Mittelohr weiter anstaut. Dabei kann das Trommelfell reißen, und das sind höllische Schmerzen, die Sie Ihrer Tochter bestimmt lieber ersparen möchten."

Zusatzempfehlung bei Ohrenschmerzen	Nutzen
Abschwellende Nasentropfen (Otriven®, Olynth®)	Damit das Entzündungssekret abfließen kann
Sekretolytikum (Sinupret ®)	Damit sich das Entzündungssekret löst
Bronchialbalsam zum Einreiben und zur Inhalation (Bronchoforton®, Transpulmin®, Soledum® Balsam)	Damit sich das Entzündungssekret noch besser löst
Analgetikum gegen Fieber und Schmerzen (Paracetamol ratiopharm®)	Gegen (stärkere) (Ohren-)Schmerzen und Fieber
Bei ausbleibender Besserung oder sich verstärkenden Beschwerden zum Arzt!	Um rechtzeitig mit einem Antibiotikum zu behandeln und eine Trommelfellruptur zu verhindern
Eigene Ideen:	
Empfehlungen zu Ohrenschmerzen - bei Patienten mit Erkältungsbeschwerden, vor allem Schnupfen - Patienten mit Wunsch einer Reiseapotheke	

PROSTATABESCHWERDEN

K: „Ich hätte gerne Granufink®."

A: „Wogegen wollen Sie es einnehmen? Viele nehmen es, weil sie Probleme beim Wasserlassen haben."

K: „Ja genau, es läuft nicht mehr so richtig. Dafür muss ich ständig nachts raus."

A: „Sie waren mit den Beschwerden schon mal beim Arzt?"

K: „Ja, der hat gesagt, mit diesem Problem wäre ich nicht der Einzige. Aber er meinte, eine Behandlung wäre nicht notwendig."

A: „Da hat er Recht, die Hälfte aller Männer über 50 Jahre ist von diesem Problem betroffen. Aber mit Granufink® können Sie sich schon helfen. Hierfür gibt es speziell ein Mittel mit der Bezeichnung „Prosta" im Namen. Es verbessert die Fähigkeit, Wasser zu lassen. Gleichzeitig sollten Sie darauf achten, im Laufe des Tages mindestens zwei Liter Flüssigkeit zu trinken, damit Ihre Blase gut durchspült, am besten einen Blasen- und Nierentee."

Tipps für die Praxis:

Mit der richtigen Sichtwahl zum Zusatzverkauf!

- Platzieren Sie Artikel, die Sie zusätzlich empfehlen wollen, in der Sichtwahl.
- Die Sichtwahl gibt dem Kunden Kaufimpulse – und Ihnen Empfehlungsimpulse!
- Je kürzer der Weg zur Ware, umso kürzer ist der Weg zum Verkauf!

Zusatzempfehlung bei Prostatabeschwerden	Nutzen
„Prostatamittel", wie Brennnesselwurzel (Bazoton® uno), Sabalfrüchte (Prostagutt® uno) oder Betasitosterin (Harzol®)	Verbesserung der Störungen beim Wasserlassen, Verringerung der Restharnbildung
Kürbissamen (Cysto-Urgenin®, Prosta-Fink® forte)	Stärkung der Blasenmuskulatur, Verbesserung der Fähigkeit Wasser zu halten
Pollenextrakte (Cernilton®)	Zur Behandlung von Miktionsstörungen
Ausreichende Flüssigkeitsaufnahme (mindestens zwei Liter)	Zum Durchspülen der Blase
Blasen- und Nierentees (Sidroga® Blasen- und Nierentee, Harntee 400 TAD®, Heumann® Blasen- und Nierentee Solubitrat)	Zur Vermehrung des Harnvolumens, zum Durchspülen der Blase, zur Vorbeugung gegen Blasenentzündungen
Ansäuerung des Harns mit L-Methionin (Acimethin®)	Zur Vorbeugung gegen wiederkehrende Harnwegsinfektionen
Regelmäßige Arztbesuche (Urologe)	Zur Kontrolle, zur rechtzeitigen ärztlichen Behandlung
Eigene Ideen:	
Empfehlung zu Prostatabeschwerden - bei älteren Männern über 65 Jahren - bei Männern mit Blasenschwäche	

RAUCHERENTWÖHNUNG

K: „Ich hätte gerne Nicotinpflaster, um mir das Rauchen abzugewöhnen. Ich rauche jetzt mehr als eine Schachtel pro Tag und bin es Leid!"

A: „Eine gute Entscheidung! Haben Sie schon Erfahrung mit einem Nicotinpflaster?"

K: „Nein, bisher noch nicht. Empfehlen Sie mir etwas!"

A: „Es stehen verschiedene Mittel zur Verfügung. Ich empfehle Ihnen dieses Pflaster, das Sie über 24 Stunden aufgeklebt lassen. Es setzt in dieser Zeit über den Tag kontinuierlich Nicotin frei und versorgt Sie mit dem, was Ihr Körper gewöhnt ist. Wann immer Sie dann im Laufe des Tages Lust auf eine Zigarette bekommen, ist es nur die schlechte Gewohnheit, sich zu einer bestimmten Gelegenheit etwas zwischen die Finger zu stecken. Beobachten Sie sich dabei und schreiben Sie es sich am besten auf. Dann werden merken, welche Situationen die schwierigsten sind. Immer wenn Sie sich am liebsten eine Zigarette anzünden wollen, nehmen Sie etwas anderes, z. B. ein zuckerfreies Kaugummi. Nach einem Monat können Sie die Nicotindosis absenken und Sie werden merken, dass Sie damit genauso gut klar kommen. Ihr Körper braucht weniger Nicotin. Immer wenn Sie Lust auf eine Zigarette bekommen, ist es bloß eine schlechte Angewohnheit, die Sie sich genauso wieder abgewöhnen können. Bald werden Sie auch das Pflaster nicht mehr brauchen und Ihr Körper hat sich daran gewöhnt, ohne Nicotin – gesünder – zu leben."

Zusatzempfehlung bei Raucherentwöhnung	Nutzen
Nicotinpflaster (Nicotinell®)	Um das Rauchen aus Nicotinabhängigkeit ganz auszuschalten
Nicotinkaugummis (Nicorette® 2 mg/ 4mg Kaugummi)	Um das Rauchen nach Bedarf zu ersetzen, um die Nicotinzufuhr den Rauchgewohnheiten anzupassen
Selbstbeobachtung Selbstkontrolle	Um seine eigenen Schwächen kennen zu lernen, um sich seiner Fehler und Probleme bewusst zu werden
Orte meiden, an denen viel geraucht wird	Um sich nicht überreden zu lassen, um sich nicht „anstecken" zu lassen
Freizeit bewusst gestalten. Stressvermeidung trainieren, Umgang mit Stress verbessern (Yoga, Entspannungsmethoden, Baldrian)	Um Auslöser, zur Zigarette zu greifen, zu vermeiden
Alternativen zur Zigarette überlegen, z.B. zuckerfreie Kaugummis oder Bonbons	Um etwas zur Hand zu haben, wenn der Drang zur Zigarette zu groß wird
Eigene Ideen:	

Empfehlung zur Raucherentwöhnung
- bei Patienten mit hohem Atheroskleroserisiko, z.B. mit Diabetes, Fettstoffwechselstörungen, Hypertonie, Gicht, Übergewicht
- Patienten mit Bronchialerkrankungen, wie z.B. Asthma, COPD
- Patienten mit Erkältungssymptomen, vor allem Husten, Halsschmerzen
- Patienten mit Durchblutungsstörungen der Beine oder des Gehirns (Gedächtnisstörungen, Demenz)

REISEAPOTHEKE

K: „Ich hätte gerne Aspirin®."

A: „Ja gern, sind die Schmerztabletten für Sie?"

K: „Ja für mich, wieso fragen Sie?"

A: „Kommen Sie gut damit zurecht? Es gibt einige Menschen, die diese Tabletten nicht so gut vertragen. Es gibt ja noch eine Reihe anderer, vielleicht auch stärkerer Schmerzmittel."

K: „Nein, nein, ich vertrage sie gut und sie helfen mir eigentlich immer. Ich brauche sie auch nicht oft. Ich wollte sie mit auf die Reise nehmen. Für den Notfall!"

A: „Ja, auf die Reise sollte man auf jeden Fall etwas gegen Schmerzen mitnehmen. Kopfschmerzen kann man immer bekommen. Wohin geht es denn?"

K: „Wir fahren nach Spanien. In die Sonne!"

A: „Sonne! Ja, die könnten wir alle gut gebrauchen! Haben Sie denn sonst schon Ihre Reisapotheke zusammen? Wenn Sie in die Sonne fahren, brauchen Sie auf jeden Fall einen guten Sonnenschutz!"

K: „Eine gute Idee, an den habe ich bei unseren kalten Temperaturen noch gar nicht gedacht. An was muss ich denn sonst noch so denken?"

A: „Ich habe hier eine Liste vorbereitet, die wir am besten mal gemeinsam durchgehen, damit wir nichts vergessen..."

Zusatzempfehlung bei Reiseapotheke	Nutzen
Schmerzmittel (Aspirin®, Aktren®)	Gegen Kopfschmerzen durch Klimawechsel, Zeitumstellung, Alkohol, Schlafstörungen
Mittel gegen Übelkeit (Iberogast®, Vomex®, Reisegold depot®)	Gegen Reiseübelkeit bei Bus-, Schiffs- oder Flugreisen, gegen Magenverstimmung durch ungewohntes Essen, Magen-Darm-Erkrankungen
Mittel gegen Durchfall (Imodium® akut, Uzara®)	Gegen Magen-Darm-Infektionen durch ungewohnte Speisen, „Montezumas Rache"
Mittel gegen Verstopfung (Laxoberal®)	Regelmäßiger Stuhlgang trotz Ernährungsumstellung, trotz ballaststoffarmer Ernährung (Weißbrot)
Mittel gegen Schlafstörungen (Baldriparan®, Hoggar® N, Ohropax®)	Zum ruhigen Schlafen trotz Klimawechsel, Ortswechsel, laute Umgebung (Hotel, Straßenlärm)
Erkältungsmittel je nach Wetter und Reiseziel	Zur Behandlung von Erkältungssymptomen
Notfallset, Wundversorgung Urlaub (Ski, Wandern, Trekking). Antiseptische Salbe (Betaisodona®). Pflaster, Kompressen, Mullbinden, Idealbinden. Wund- und Heilsalbe (Bepanthen®). Salbe oder Gel gegen Prellungen, Verstauchungen, Blutergüsse (Mobilat®, Dolobene®). Eventuell Spritzenset (Spritzen, Kanülen) bei Trekkingreisen. Feindesinfektionsmittel (Sterillium®), Trinkwasserdesinfektion (Micropur®)	Zur ersten Hilfe, auch in einsamen Gegenden

Mittel zum Insektenschutz (Autan®), gegen Insektenstiche (Fenistil® Gel)	Zur Vorbeugung und Behandlung von Insektenstichen
UV-Lippenschutz (Ladival®), Herpescreme (Zovirax®)	Zum Schutz und zur Behandlung von Lippenherpes
Augentropfen gegen Bindehaut-reizung (Berberil®, Berberil® dry eye)	Bei Bindehautreizung durch UV-Strahlung, Salzwasser, Wind
Ohrentropfen (Otalgan®) bei Tauch-urlaub	Zur Vorbeugung gegen Ohrenschmer-zen
Salbe gegen Fußpilz (Lamisil®) und eventuell Vaginalpilz (Canesten®Gyn)	Zur Vorbeugung und Behandlung von Pilzerkrankungen
Einmalwaschlappen (Duniwell®), feuchte Tücher	Zur Reinigung, zum Händewaschen auf der Fahrt ohne fließendes Wasser
Sonnenschutz (Ladival®), Mittel ge-gen Sonnenbrand (Systral® Creme, Bepanthol® Lotio)	Zum Schutz vor der Sonne
Kosmetik, Gesichtscreme, Körper-lotion, Handcreme, Hautschutzcreme (Silicoderm®) oder Handpflegecreme (Widmer Handbalsam®), Kälteschutz-creme (Ladival® alpin), Shampoo, Deodorant, Zahnpflege	Zur angemessenen Pflege der bean-spruchten Haut
Reiseimpfberatung, eventuell Arztbe-such zur Verordnung von Impfstoffen und Malariaprophylaxe	Zum Schutz vor exotischen Erkran-kungen, Malariaprophylaxe u.a.
Thromboseprophylaxe (ASS 100, Antithrombosestrümpfe, Heparin-Spritzen)	Zur Thromboseprophylaxe
Arzneimittel und Hilfsmittel, die regelmäßig gebraucht werden	Zur Vermeidung von Engpässen

Eigene Ideen:
Empfehlung zu Reiseapotheke - in der Reisezeit - beim Thema Reise

Tipps für die Praxis:

Zeit für Zusatzempfehlungen

■ Viele unserer Kunden kommen uns eilig vor. Sie blicken auf die Uhr, ihre Bewegungen sind fahrig, ihr Blickkontakt kurz. Dieser Eindruck täuscht. Sobald sich ein Beratungsbedarf zeigt, haben diese Menschen plötzlich – zurecht – alle Zeit der Welt.

■ Der Eindruck, keine Zeit zu haben und sich beeilen zu müssen, beruht auf Gegenseitigkeit. Kunden glauben, sie dürften unsere Zeit nur wenig in Anspruch nehmen. Hier liegt es an Ihnen, im Beratungsgespräch eine Atmosphäre zu schaffen, die dem Kunden signalisiert:

- Ich habe Zeit für Sie!
- Ich bin ganz und gar für Sie da!
- Alles andere kann warten!
- Sie sind in diesem Moment der wichtigste Mensch auf der Welt!

■ Fragt man Apothekenkunden, so sind ca. 6 % eilig, aber 94 % hätten Zeit für Zusatzempfehlungen. Geben Sie sie ihnen!

Tipps für die Praxis:

Sammeln Sie Empfehlungen!

■ Achten Sie im Apothekenalltag bewusst auf Ihre Empfehlungen. Bemühen Sie sich bei jedem Kundenkontakt eine zusätzliche Empfehlung auszusprechen. Führen Sie dafür eine Liste: Zählen Sie jeden Kundenkontakt und markieren Sie jeden Kontakt, in dem Sie eine Empfehlung „an den Mann" bringen konnten mit einem Symbol, z. B. mit einem Extrapunkt. Erwarten Sie nicht zu viel von sich selbst: bei aller Empfehlungskunst erhält nur etwa jeder vierte Kunde eine aktive Empfehlung. Die restlichen Kunden sind mit ihrem Wunsch ausreichend versorgt oder lehnen eine Beratung ab.

■ Sammeln Sie für jede Empfehlung:
- Punkte auf einem Blatt Papier
- Centstücke in einem Sparschwein
- Büroklammern in einer Glasschüssel
- Bonbons in einem Glas.

Tipps für die Praxis:

Der Anschlussverkauf

■ Die meisten Empfehlungen stehen mit der gewünschten Ware in einem Zusammenhang. Hier wird vom Anschlussverkauf gesprochen. Denken Sie bei der Suche nach indikationsbezogenen Zusatzempfehlungen an

- alle Begleitsymptome, unter die der Kunde leiden könnte, auch eventuell an unerwünschte Arzneimittelwirkungen,
- alle Wirkstoffe, die zur Behandlung der Indikation eingesetzt werden,
- alle Arzneiformen, die zur Verfügung stehen,
- alle Ebenen – symptomatisch, ursächlich, prophylaktisch – die behandelt werden können,
- alle Sortimente, die Ihr Warensortiment bietet, auch Verbandstoffe, Hilfsmittel, Nahrungsergänzung, Kosmetik,
- alle Lebensbereiche, zu denen sich kostenlose Tipps anbieten.

REISEÜBELKEIT

K: „Ich hätte gerne Superpep® Kaugummis."
A: „Die Kaugummis gegen Reiseübelkeit? Darf ich fragen, für wen sind die bestimmt?"
K: „Für mich. Wir werden nächste Woche mit dem Reisebus nach Spanien fahren. Und ich bin mir nicht sicher, ob ich das Geschaukel über Stunden aushalte!"
A: „Da ist Ihnen mit den Kaugummis schon einmal gut geholfen. Sie können Sie verwenden, wenn Sie merken, dass Ihnen schlecht wird. Haben Sie noch andere Probleme auf einer langen Fahrt? Zum Beispiel, dass Ihre Füße anschwellen?"
K: „Ja, das ist mir beim letzten Mal passiert! Ich weiß gar nicht, was ich dagegen unternehmen soll?"
A: „Gerade auf einer langen Busfahrt ist das Risiko, einen Blutstau in den Beinen zu bekommen, ziemlich hoch. Es gibt da ein paar Hilfsmittel. Sie sollten auf jeden Fall viel trinken. Jede Stunde mindestens 100 mL Flüssigkeit, also zwei Liter Mineralwasser sollten Sie sich für die Fahrt mitnehmen. Machen Sie sich keine Sorgen, dass Sie dann zu häufig auf die Toilette müssten. In den modernen Reisebussen gibt es ja immer eine Toilette. Bewegen Sie Ihre Füße, wann immer sie daran denken. Das aktiviert die Muskelpumpe, die das Blut zum Herzen zurückpumpt. Und wenn Sie schon einmal Probleme mit geschwollenen Füßen gehabt haben, empfehle ich Ihnen diese Antithrombosestrümpfe. Das sind leichte Stützstrümpfe, die angenehm zu tragen sind und Ihren Kreislauf entlasten werden."

Zusatzempfehlung bei Reiseübelkeit	Nutzen
Empfehlungen zu Problemen, die während der Reise auftreten können, z. B. zum Thromboserisiko durch langes Sitzen, Inkontinenz. Antithrombosestrümpfe (Varilind®). Ausreichende Flüssigkeitsaufnahme. Regelmäßige Fußbewegungen. Inkontinenzvorlagen	Eine angenehme Fahrt, z. B. ohne geschwollene Beine, ohne Thrombosegefahr. Zur Entlastung der Venen. Zur Blutverdünnung. Zur Aktivierung der Muskelpumpe. Zur Sicherheit, falls Toilette besetzt ist, zu selten Pausen gemacht werden
Empfehlungen zu allen Themen, die während der Reise wichtig werden können. S. Reiseapotheke S. 104	Eine angenehme, sorgenfreie Reise
Eigene Ideen:	
Empfehlung zu Reiseübelkeit - beim Thema „Reiseapotheke"	

Tipps für die Praxis:

Der Erweiterungsverkauf

■ Neben dem indikationsbezogenen Anschlussverkauf gibt es noch den eher patientenbezogenen Erweiterungsverkauf. Je besser Sie Ihre Kunden kennen, desto gezielter können Sie hier anbieten

- Neuheiten, für die sich der Kunde interessieren könnte,
- Spezialitäten, wie z. B. „Hausmarken", die Sie anbieten,
- je nach Wetter, Jahreszeit, besonderen Anlässen, wie Weihnachten oder Muttertag, Ware, für die der Kunde sich interessieren könnte, ohne dass er zurzeit daran denkt,
- Angebote, die Sie ihm besonders günstig bieten können.

SCHLAFSTÖRUNGEN

K: „Ich hätte gerne Hoggar® Night."

A: „Kennen Sie das Mittel? Kommen Sie gut damit zurecht?"

K: „Ja, es geht so. Manchmal kann ich trotz allem nicht einschlafen. Gibt es vielleicht noch etwas Stärkeres?"

A: „Welche Beschwerden haben Sie denn genau?"

K: „Ich kann abends sehr schlecht einschlafen, manchmal liege ich eine Stunde wach. Und nachts werde ich immer wieder wach, um zwei Uhr, um drei Uhr, um vier Uhr – es ist zum verrückt werden! Dabei gehe ich schon spät ins Bett – meist so gegen Mitternacht – und um sechs Uhr muss ich wieder aufstehen!"

A: „Haben Sie denn eine Idee, was die Ursache für Ihre Schlafstörungen ist?"

K: „Ich habe die Beschwerden, seitdem wir in unser Haus umgezogen sind. Wir haben nämlich ein Haus gekauft. Vielleicht liegen wir ja jetzt auf einer Wasserader?"

A: „Es gibt viele Gründe, die einen schlecht schlafen lassen können. Beim Umzug in ein eigenes Haus kommt viel zusammen: wahrscheinlich eine riesige Menge an Arbeit, die finanzielle Belastung, die neue Umgebung, neue Tagesabläufe und noch viel mehr."

K: „Da haben Sie wohl recht. Wir renovieren viel in Eigenleistung. Es gibt so viel zu tun, dass ich oft gar nicht mehr weiß, wo mir der Kopf steht."

A: „Bei so viel handfesten Gründen würde ich mir über Wasseradern keine Sorgen machen! Es gibt aber ein paar Tipps, die Ihnen helfen können, langsam wieder zur Ruhe zu finden.

Hoggar® N ist zwar ein gutes Mittel bei kurzfristigen Schlaf-

schwierigkeiten, zur längeren Behandlung ist es aber nicht geeignet, weil es z.B. den Schlafrhythmus ändert und dabei neue Probleme macht. Sie können es zur kurzfristigen Hilfe einnehmen, aber über längere Zeit empfehle ich Ihnen hoch dosiert Baldrian einzunehmen. Baldrian hat zwar den Ruf eines veralteten Hausmittels. Den Ruf hat er aber zu Unrecht: es gibt moderne, hoch dosierte und gut wirksame Mittel auf dem Markt. Die Wirkung steigert sich sogar noch bei regelmäßiger Einnahme.
Trotz aller Arbeit und allem Stress sollten Sie nicht vergessen, an sich und Ihre Ruhezeiten zu denken. Lassen Sie die Arbeit am Haus auch mal liegen und nehmen Sie sich frei. Lassen Sie den Tag ruhig ausklingen, vielleicht indem Sie Musik hören oder ein schönes Buch lesen. Und gehen Sie rechtzeitig ins Bett, lieber schon um halb elf oder elf Uhr abends. Und dann ist es ganz wichtig, den Wecker aus Ihrem Gesichtsfeld zu verbannen. Stellen Sie den Wecker am besten unter Ihr Bett. Wenn es soweit ist, wird der Wecker klingeln. Bis dahin ist es völlig unwichtig, wie spät es ist."

Tipps für die Praxis:

Formulierungen zu Zusatzempfehlungen:

- „Zusätzlich empfehle ich Ihnen..."
- „Damit Sie sich schneller besser fühlen..."
- „Zur Unterstützung können Sie..."
- „Was Sie noch für sich tun können, ist..."
- „Um schneller wieder auf die Beine zu kommen, können Sie..."
- „Damit Sie keine unerwünschten Wirkungen spüren..."

Zusatzempfehlung bei Schlafstörungen	Nutzen
Baldrian statt H_1-Antihistaminika (Baldrian-Dispert® Tag, Baldurat®)	Langfristige Wirkung, ausgleichend und schlaffördernd, verkürzt die Einschlafzeit, verbessert die Schlafqualität und -tiefe
Johanniskraut (Felis®, Laif®, Neuroplant®)	Bei Schlafstörungen, die im Zusammenhang mit depressiven Verstimmungen auftreten, zur ursächlichen Behandlung der Depression
Realistische Schlafzeiterwartungen. Regelmäßige Schlafzeiten einhalten. Kein Mittagsschlaf. Optimale Schlafbedingungen (Temperatur, Dunkelheit, Ruhe), Wecker nachts aus dem Gesichtsfeld verbannen. Den Tag ruhig ausklingen lassen.	Zur Schaffung der optimalen Schlafbedingungen
Beruhigungsbäder (Weleda® Lavendelbad) zum Ausklingen des Tages, Duftöle (Melissen-, Lavendelöl). Entspannungstraining (Yoga, Autogenes Training)	Als Einschlafritual, zum Abschalten
Keine anregenden Getränke nach 16 Uhr, statt Kaffee Kräutertee. auf Nicotin verzichten, Rauchen einschränken. Große Mahlzeiten nach 18 Uhr vermeiden	Zur Vermeidung von Schlafstörungen
Bei chronischen Schlafschwierigkeiten über drei Wochen Arztbesuch	Zur Abklärung von Differentialdiagnosen und Behandlung der Grunderkrankung, zur Vermeidung der Chronifizierung

Eigene Tipps:

Empfehlung zu Schlafstörungen
- bei Patienten mit Nervosität
- bei Patienten mit Depressionen
- bei Patienten mit chronischen Erkrankungen, z. B. Morbus Parkinson
- beim Thema Reiseapotheke

Tipps für die Praxis:

Das ist es mir wert!

■ Ihre Kundin stöhnt über die Lebenshaltungskosten, niedrige Renten und hohe Zuzahlungen in der Arztpraxis und Apotheke. Scheuen Sie sich nicht vor Zusatzempfehlungen.

■ Alle wissen: Gesundheit hat ihren Preis. Präsentieren Sie Ihre Zusatzempfehlung, indem Sie den Kundennutzen herausstellen.

■ Lassen Sie dann den Kunden entscheiden, ob das Arzneimittel ihm angemessenen Nutzen bietet.

■ Lassen Sie den Kunden entscheiden, ob das Arzneimittel ihm seinen Preis wert ist.

SCHNUPFEN

K: „Ich hätte gerne ein Nasenspray, um die Nase wieder frei zu haben."
A: „Sie sind erkältet? Sitzt denn nur die Nase zu oder haben Sie noch andere Beschwerden?"
K: „Das Schlimmste ist, dass ich nachts keine Luft bekomme und nicht schlafen kann. Die ganze Nacht habe ich dadurch ein Kratzen im Hals und morgens sitzt dann die Nase zu und das Sekret, was ich ausschnupfen möchte, ist zäh und trocken."
A: „Also brauchen Sie dieses Nasenspray auf jeden Fall, damit Ihre Nase endlich wieder frei wird. Damit sie das Sekret lösen und der Schnupfen ausheilen kann, empfehle ich Ihnen diesen pflanzlichen Sekretlöser. Nehmen Sie ihn dreimal täglich mit einem großen Glas Wasser ein. Und wenn Sie tagsüber oder auch nachts mal dieses Kratzen im Hals los werden möchten, lutschen Sie dieses Mittel. Es nimmt Ihnen den Reiz und löst nebenbei noch den Schleim."

,

Tipps für die Praxis:

Stimmen Sie den Nutzen auf den Kunden ab!

- Hören Sie vorher genau hin, was dem Patienten am meisten Beschwerden macht und gehen Sie in Ihrer Formulierung darauf ein. Aber versprechen Sie nichts, was Sie nicht halten können.

- Standardempfehlung reichen nur für Standardkunden. Unsere Kunden sind Individualisten! Seien Sie bei der Auswahl Ihrer Tipps so individuell wie möglich.

Zusatzempfehlung bei Schnupfen	Nutzen
Abschwellendes Nasenspray (Nasivin®, Otriven®, Olynth®)	Um die Nase wieder frei zu machen, um besser Luft zu bekommen, um nachts in Ruhe schlafen zu können
Chemischer oder pflanzlicher Sekretlöser (Gelomyrtol®/-forte, Sinupret®, ACC® akut)	Um das Schnupfensekret zu lösen und ausschnupfen, um eine Entzündung der Nebenhöhlen zu verhindern
Kochsalzhaltiges Nasenspray (Nasenspray Pur® Ratiopharm, Olynth® Salin)	Um die Anwendungszeit anderer Nasentropfen zu verkürzen, zur Befeuchtung der Nasenschleimhäute und der -nebenhöhlen
Nasensalben oder dexpanthenolhaltige Nasensprays (Bepanthen® Augen- und Nasensalbe, Nasicur®)	Zur Pflege der Nasenschleimhaut, zur Befeuchtung der Nasenschleimhäute bei trockener Nase
Inhalationen mit heißem Wasserdampf, Kamillenextrakt oder ätherischen Ölen (Kamillosan®, Soledum® Balsam)	Um das Schnupfensekret möglichst effektiv zu lösen und ausschnupfen zu können, um einer Entzündung der Nasennebenhöhlen vorzubeugen
Beclometasonpropionat-haltige Nasentropfen (RatioAllerg® Heuschnupfen Spray)	Bei hartnäckigem Stockschnupfen, bei entzündeten Nasenschleimhäuten zur Entwöhnung von α-Sympathomimetikahaltigen Nasentropfen
Zusätzlich: Raumluft befeuchten, nicht rauchen bzw. Rauch vermeiden, Wärmeanwendung, z. B. Rotlicht, Behandlung zusätzlicher Symptome	Zur Verbesserung des Allgemeinbefindens
Eigene Ideen:	
Empfehlungen zu Schnupfen - bei Patienten mit Erkältungsbeschwerden - bei Patienten mit Heuschnupfen	

SCHUPPEN

K: „Ich hätte gern ein Antischuppenshampoo."

A: „Ja gern, haben Sie schon gute Erfahrung mit einem Mittel oder möchten Sie eine grundsätzliche Beratung?"

K: „Ich habe zwar schon einiges ausprobiert, aber erzählen Sie mal, was Sie mir empfehlen würden."

A: „Wenn man an Schuppenshampoos denkt, dann hat man vielleicht zunächst die entsprechenden Mittel der Shampoohersteller im Sinn. Diese Mittel wirken oft sehr gut bei stark fettender Kopfhaut auf die Talgproduktion. Sie wirken aber meist nur kurzfristig. Nach wenigen Tagen ist das Problem Schuppen wieder da. Die fettige Kopfhaut ist aber nur eine Seite des Problems. Hauptverantwortlich für die Schuppen sind Mikroorganismen, Hautpilze, die sich auf der Kopfhaut breit machen und die Abschilferung der Hornzellen bewirken. Eine längere und bessere Wirkung erreicht man deshalb mit medizinischen Shampoos, wie z. B. Terzolin®. Sie wirken gegen die Pilze. Dieses Shampoo wird zweimal wöchentlich für vier Wochen angewendet. Danach sind die Schuppen erst einmal verschwunden. Damit sie nicht wieder auftreten, ist es sinnvoll, regelmäßig einmal pro Woche ein Shampoo zu verwenden, dass die Talgproduktion reguliert, damit die Pilze keine Chance haben sich zu vermehren. Nehmen Sie hierfür ein Selen-Shampoo. Ansonsten empfehle ich Ihnen, später zwei- bis dreimal pro Woche dieses milde Shampoo zu verwenden, damit die Kopfhaut nicht weiter gereizt wird."

Zusatzempfehlung bei Schuppen	Nutzen
Antimykotika, wie Ketoconazol (Terzolin®) oder Bifonazol (Canesten® Schuppen plus Shampoo)	Ursächliche Behandlung der Kopfhautschuppen
Keratolytika, z. B. Salicylsäure (Lygal® Kopfsalbe)	Zur leichteren Schuppenlösung und besseren Auswaschbarkeit
Antiseborrhoika, z. B. Selendisulfid (Selsun®)	Zur Regulation der Talgproduktion bei fettiger Kopfhaut
Regelmäßige Haarwäsche 2- bis 3-mal pro Woche mit mild entfettenden Shampoos	Um Talg zu entfernen, damit Pilze auf der Haut ungünstige Wachstumsbedingungen bekommen, ohne die Kopfhaut unnötig zu reizen
Arztbesuch (Hautarzt), wenn Entzündungen auf der Kopfhaut auftreten	Zur optimalen Behandlung der geröteten, eventuell trockenen und entzündeten Kopfhaut
Eigene Ideen:	
Empfehlung zu Kopfschuppen - bei Themen der Hautpflege - beim Thema Haarwäsche - bei Hautpilzerkrankungen	

SONNENALLERGIE

K: „Ich hätte gerne Calcium-Brausetabletten."

A: „Ja, gern. Wogegen oder wofür wollen Sie sie einnehmen? Ich frage das, weil ich wissen möchte, welche Dosierung ich Ihnen empfehlen kann."

K: „Ich wollte es gegen Sonnenallergie einnehmen. Letztes Jahr hatte ich am ganzen Körper diese fürchterlich juckenden Pickelchen, als ich im Urlaub war. Das wollte ich in diesem Jahr vermeiden."

A: „In diesem Fall wird immer noch Calcium zur Vorbeugung empfohlen, weil Calcium die allergische Neigung insgesamt verringert. Zur Vorbeugung gehört jedoch vor allem, dass Sie hohe Lichtschutzmittel einsetzen, die möglichst fett- und emulgatorfrei sind. Den besten Schutz haben Sie, wenn Sie vier bis sechs Wochen vor dem Urlaub langsam anfangen, den Körper an Sonnenlicht zu gewöhnen, indem Sie sich zu Hause auf dem Balkon anfangs fünf bis zehn Minuten in die Sonne setzen und das langsam steigern. Wenn Sie im letzten Jahr von einer Sonnenallergie betroffen waren, rate ich Ihnen auf jeden Fall, etwas zur Behandlung mitzunehmen, damit Ihnen der Urlaub nicht vermiest wird. Nehmen Sie hierfür diese Cortison-haltige Lotion mit. Reinigen Sie jeden Abend die Haut von allen Sonnenschutzmitteln und tragen Sie diese Lotion dünn auf die betroffenen Hautstellen auf. Sie kühlt und der Juckreiz und die Schmerzen verschwinden innerhalb weniger Minuten."

Zusatzempfehlung bei Sonnenallergie	Nutzen
Fett- und emulgatorfreie Sonnenschutzgele mit hohem Lichtschutzfaktor (Ladival® allerg Gel 20/30, Vichy Capital Soleil Gel mit Mexoryl® XL).	Schutz der Haut vor UV-A- und UV-B-Strahlen, Vermeidung der Ursachen (UV-A-Strahlung in Kombination mit Emulgatoren) zur Vorbeugung einer Sonnenallergie (polymorpher Lichtdermatose)
Hydrocortison (Soventol® HC Creme, Systral® Hydrocort Lotion)	Zur Behandlung der Entzündung, der Schmerzen und des Juckreizes
H_1-Antihistaminika (Fenistil® Gel, Soventol® Gel), eventuell auch systemisch (Fenistil® 24 retard)	Zur Juckreizstillung, Gel wirkt gleichzeitig kühlend und dadurch lindernd
Lokalanästhetika (Brand- und Wundgel Medice® N, Anaesthesin® Creme)	Gegen Schmerzen und Juckreiz
Schonende Gewöhnung der Haut an die Sonne, anfangs möglichst direkte Sonneneinstrahlung vermeiden. Lichtundurchlässige Kleidung verwenden zur Vermeidung der direkten Sonnenbestrahlung (z. B. Hyphen®)	Zum Schutz der Haut, Vorbeugung einer Sonnenallergie, zum vernünftigen Umgang mit der Sonnenstrahlung
Abends gründliche Reinigung der Haut, Entfernung des Sonnenschutzmittels, Verwendung emulgatorfreier After-Sun-Präparate	Zur Entfernung und Vermeidung des Auslösers für Sonnenallergie
Eigene Ideen:	
Empfehlung zu Sonnenallergie - bei lichtempfindlichen Patienten - bei allen Kunden, die einen Sommerurlaub mit erhöhter Sonnenexposition planen	

SONNENBRAND

K: „Ich hätte gerne Fenistil® Gel."
A: „Das Gel gegen Mückenstiche – in diesem Jahr sind die Mücken wieder schlimm, nicht wahr?"
K: „Nein, ich wollte es nicht gegen Mückenstiche nehmen, sondern gegen Sonnenbrand. Es wirkt doch auch dagegen, oder?"
A: „Ja, klar, daran hatte ich jetzt als erstes nicht gedacht. Aber es wirkt auch gegen die Beschwerden bei Sonnenbrand. Zusätzlich rate ich Ihnen, zur Nacht diese Körperlotion anzuwenden. Dadurch wird die Haut gekühlt, die Reizung gelindert und die Haut kann sich schneller wieder erholen. Solange der Sonnenbrand nicht ganz abgeheilt ist, bleiben Sie im Schatten, damit die Haut sich nicht unnötig erwärmt. Und das nächste Mal werden Sie sicherlich einen höheren Lichtschutzfaktor einsetzen, nicht wahr? Was haben Sie denn für einen Sonnenschutz verwendet?"

Tipps für die Praxis:

Vorbeugen, lindern und heilen

■ Bei Beratungsgesprächen stehen meist die akuten Beschwerden im Mittelpunkt. Es geht um eine symptomatische Behandlung. Wann immer es möglich ist, ist gleichzeitig an eine ursächliche Behandlung zu denken. Das Beste wäre, solche Beschwerden ganz zu vermeiden – mit vorbeugenden, prophylaktischen Maßnahmen. Manchmal jedoch schließen sich an die akuten Beschwerden noch länger andauernde Symptome an, an die der Kunde im Moment nicht denkt. Denken Sie für ihn daran!

Zusatzempfehlung bei Sonnenbrand	Nutzen
Kühlende Lotionen, eventuell mit Dexpanthenol (Bepanthol® Lotion, Bepanthen® Schaumspray)	Zur Kühlung und Pflege der geröteten und gereizten Haut, zur Förderung der Wundheilung
H_1-Antihistaminika äußerlich (Soventol® Gel, Systral® Creme) oder innerlich (Fenistil® 24 retard, Lorano®)	Zur Unterdrückung der Histamin-bedingten Entzündungsreaktion im Gewebe
Lokalansthetika (Brand- und Wundgel-Medice®, Anaesthesin®)	Zur Betäubung der Schmerzen, zur Reizlinderung bei bedeckter Haut
Hydrocortison (Soventol® HC-Creme, Systral® Hydrocort Lotion)	Gegen die Entzündungsreaktion im verbrannten Gewebe
Diclofenac (Voltaren® Schmerzgel, Diclac® Gel)	Zur Schmerzlinderung und Entzündungshemmung im Gewebe zur lokalen Anwendung
Einnahme von Analgetika (Dolormin®)	Bei sehr starken Schmerzen durch die Verbrennung
Kühlung der Haut als wichtigste Maßnahme	Zur Unterbrechung der Verbrennung, zur Temperatursenkung im Gewebe
Vermeidung weiterer Sonnenbestrahlung. Tragen von dünner Kleidung Verwendung von Sonnenschutzmittel mit hohem Lichtschutz	Zum Schutz vor weiteren Schäden, zum Schutz vor weiterer Erwärmung, um die Temperatur möglichst niedrig zu halten
Eigene Ideen:	
Empfehlung zu Sonnenbrand - bei Kunden, die einen Sommerurlaub, Skiurlaub oder Fernreisen planen - bei Kunden mit lichtempfindlicher Haut - bei Kunden, die gerade aus dem Freibad kommen	

SPORTVERLETZUNGEN

K: „Ich hätte gerne eine Heparin-Salbe. Die ist doch immer noch die beste Salbe bei Zerrungen?"
A: „Heparin-Salben werden von Sportlern immer noch gerne genommen. Sie beschleunigen den Abbau von Blutergüssen und sollen Schwellungen verringern. Was ist denn passiert? Wogegen wollen Sie denn die Salbe einsetzen?"
K: „Ich bin gestern beim Laufen am Bordstein umgeknickt. Jetzt tut der Knöchel beim Auftreten weh. Ein blauer Fleck hat sich nicht gebildet..."
A: „Können Sie denn den Fuß normal bewegen?"
K: „Ja, ja, ich kann ihn im Gelenk drehen. Ein bisschen geschwollen ist er schon."
A: „Cremen Sie den Knöchel regelmäßig zweimal täglich mit dieser Heparin-Salbe ein. Versuchen Sie ihn in den ersten Tagen zu schonen und möglichst oft hoch zu lagern. Gleichzeitig können Sie ihn kühlen, z.B. mit einer solchen Kühlkompresse. In Ihrem Fall empfehle ich Ihnen zusätzlich ein Spray mit einem schmerzstillenden und entzündungshemmenden Wirkstoff einzusetzen. Denn Sie können noch einige Tage bis Wochen Schmerzen im Knöchel haben. Dieses Spray bewirkt, dass Ihre Schmerzen bald verschwinden und Sie den Fuß bald wieder belasten können. Allerdings sollten Sie den Knöchel schonen, so lange er weh tut, also aufs Joggen verzichten, keine Gewaltmärsche... Am besten können Sie den Knöchel übrigens schonen, wenn Sie eine Stützbandage tragen. Ich zeige Ihnen da mal welche."

Zusatzempfehlung bei Sportverletzungen	Nutzen
Heparin-Salbe (Thrombophob®, Hepa-Gel®)	Zur Unterstützung der Auflösung von Blutergüssen
Antiphlogistika zum Einnehmen (Voltaren® dolo, Dolormin®)	Gegen starke Schmerzen und Entzündungsrektionen im Muskel oder Gelenk
Antiphlogistika zum Einreiben bzw. Aufsprühen in Gelen, Salben, Cremes, Einreibungen oder Sprays (Voltaren® Schmerzgel, Ibutop®, Mobilat® Schmerzspray)	Gegen Entzündung und Schmerzen, zur Kühlung, zum Abschwellen
Eiskompresse, Eissprays (Sportslife® Eis-Spray), kühlende Einreibungen, wie Franzbranntwein (Klosterfrau® Franzbrandwein Gel) oder essigsaure Tonerde	Gegen die Schwellung und Schmerzen
Hochlagern des betroffenen Gelenks, Schonen, Einschränkung der Belastung	Zum Abschwellen, zur Entlastung
Stützbandagen (Futuro®, Cellacare®, Malleo®), Idealbinden	Zur Stabilisierung und zum Stützen des Gelenks, zur Verhinderung von zusätzlichen Belastungen
Ärztliche Diagnose	Um schwer wiegende Verletzungen auszuschließen
Eigene Ideen:	
Empfehlung zu Sportverletzungen - bei der Planung eines Sporturlaubs - bei Freizeitsportlern zum Auffüllen ihrer Hausapotheke	

ÜBERGEWICHT

K: „Ich hätte gerne CM3®-Kapseln."
A: „Sind diese Kapseln für Sie?"
K: „Ja, die wurden mir von einer guten Bekannten empfohlen. Sie meinte, damit könnte man gut abnehmen, stimmt das?"
A: „Ja, zur Unterstützung bei der Gewichtsabnahme kann es gut helfen. Wie viele Kilogramm möchten Sie denn abnehmen?"
K: „So zehn Kilos hätte ich schon gerne weniger. Alles, was man sich in den letzten Jahren so angefuttert hat."
A: „Da haben Sie sich etwas Gutes vorgenommen. Zehn Kilos zu viel, das bedeutet schon ein Risiko, Stoffwechselerkrankungen zu entwickeln und die Gelenke zu belasten. In welcher Zeit planen Sie Ihr Gewicht zu verringern?"
K: „Zwei Monate, bis zum Sommer, das müsste doch zu schaffen sein!"
A: „Es ist gut klare Vorstellungen zu haben, aber stecken Sie sich realistische Ziele. Zwei Kilos pro Monat können Sie gut schaffen und halten. Denken Sie daran, wie lange es gedauert hat, so viel zuzunehmen. Also nehmen Sie sich Zeit bis in den Herbst hinein. Sie sollten die Zeit nutzen, gesunde, leichte Rezepte auszuprobieren und in Ihren alltäglichen Speiseplan mit einzubauen. Wir haben hier ein sehr motivierendes Buch mit leckeren Rezepten. Zusätzlich sollten Sie sich viel bewegen. Ich habe hier eine Liste von Walking-Kursen in der näheren Umgebung. Und wenn Sie möchten, kommen Sie regelmäßig zum Wiegen in unsere Apotheke. Dann können wir gemeinsam sehen, wie es mit dem Gewicht bergab geht und wir werden Sie gerne motivieren, weiterzumachen, wenn Sie mal eine schwierige Phase haben."

Zusatzempfehlung bei Übergewicht	Nutzen
Gewichtsreduktion allgemein	Verringerung gesundheitlicher Probleme, Stoffwechselerkrankungen, Herzinfarkt- und Schlaganfallrisiko, Gelenkverschleiß
Sättigungskomprimate (CM3®, Bionorm®), Quellstoffpräparate (Grapefruit spezial®)	Zur Magenfüllung in Kombination mit reichlich Wasser vor den Mahlzeiten, um bei den Hauptmahlzeiten weniger zu essen, um Hungergefühl zwischendurch zu überbrücken
Formuladiäten (z. B. Slim-Fast®, Modifast®)	Um ganze Mahlzeiten zu ersetzen und sich keine Gedanken um Ernährung machen zu müssen, zur schnellen Gewichtsreduktion innerhalb der ersten Tage (bzw. Wochen)
Eiweißpulver (z. B. Almased®)	Um zu verhindern, dass der Körper beim Fasten das körpereigene Muskeleiweiß verdaut, dadurch der Grundumsatz sinkt und bei erneuter Zufuhr einer „normalen" Nahrung sprunghafte Gewichtszunahme droht (Jo-Jo-Effekt)
Chitosan-Produkte (z. B. Formoline L112®)	Zur Adsorption von Nahrungsfetten, Verringerung der Fettresorption
Vitamine, Mineralstoffe, Spurenelemente (Centrum®, Eunova®, Multibionta®)	Um einem Mangel durch zu geringe Nahrungsaufnahme vorzubeugen
Körperpflegeprodukte, Körperlotionen, Massageöle (Eucerin® Modelliance Körpercreme, Vichy® Novadiol Körpercreme, Lierac® Bodylift)	Um das Gewebe gut zu durchbluten, um sich schön zu fühlen
Kalorienarme Kräutertees, Matetee (Mate-Gold®)	Als Ersatz für kalorienreiche oder langweilige (Mineralwasser) Getränke

Ernährungsberatung, regelmäßige Gewichtskontrolle. Bücher, Ratgeber, Kalorientabellen	Als Basisinformation, zur Vermeidung von Ernährungs-„fehlern"
Bei starkem Übergewicht (BMI > 28) Arztbesuch, Verordnung von verschreibungspflichtigen Antiadipositas-Präparaten	Zur Arzt-betreuten Gewichtsreduktion, für schnellere Wirkung
Eigene Ideen:	
Empfehlung zur Gewichtsreduktion - bei Patienten mit ernährungsbedingten Stoffwechselerkrankungen, Hypertonie, Fettstoffwechselstörungen, Gicht, Arthrose - im Frühjahr zur allgemeinen Frühjahrskur	

Tipps für die Praxis:

Der Wert der Zusatzempfehlung

■ Manchmal hört man, dass Zusatzempfehlungen einen geringeren Wert haben sollten als das ursprünglich gewünschte Produkt. Dieser Tipp gilt bei Arzneimitteln nur eingeschränkt und im Fall des Schnupfens zum Beispiel überhaupt nicht. Nasentropfen gehören zu den günstigsten Produkten, die Sie in der Apotheke anbieten. Selbst Taschentücher sind kaum günstiger erhältlich.

■ Zusätzliche Empfehlungen können sehr wohl einen höheren Wert haben, wenn sie das auch wert sind!

■ Beispiele dafür sind: Schnupfenspray und Sekretlöser, Antibiose bei Harnwegsinfektion und Methionin zur Prophylaxe, Baldriantropfen zur schnellen Beruhigung und Johanniskrautdragees gegen Schlafstörungen bei depressiver Verstimmung, Herpescreme und Sonnenschutzmittel, Sportsalbe und Knöchelbandage.

Tipps für die Praxis:

Sammeln Sie Erfolge!

■ Von den Empfehlungen, die ausgesprochen werden, wird längst nicht jede vom Kunden angenommen. Sie müssen fünf Kunden etwas zusätzlich empfehlen, damit einer diese Empfehlung annimmt und den Zusatzkauf durchführt.

■ Sammeln Sie Erfolge:

- Wenn für jede Empfehlung ein Punkt auf das Papier gemalt ist, malen Sie einen extra-dicken roten Punkt für eine erfolgreiche Empfehlung!
- Wenn Sie Centstücke in einem Sparschwein sammeln, stecken Sie ein Fünf-Cent-Stück hinein für eine Empfehlung, die zu einem Verkauf geführt hat.
- Wenn Sie Büroklammern sammeln, stecken Sie für jede erfolgreiche Empfehlung eine Büroklammer auf den Schüsselrand.
- Wenn Sie Bonbons sammeln, legen Sie bei jedem erfolgreichen Verkauf ein Schokobonbon obendrauf!

■ Nur jeder vierte Kunde erhält im Schnitt eine Zusatzempfehlung.

■ Von allen Empfehlungen wird im Schnitt nur jede fünfte angenommen.

■ Freuen Sie sich deshalb schon über jede ausgesprochene Empfehlung und feiern Sie jede Empfehlung, die vom Kunden angenommen worden ist!

VAGINALMYKOSE

K: „Ich hätte gerne eine Canesten®-Creme."

A: „Gern. Gegen welche Beschwerden wollen Sie sie einsetzen?"

K: „Na ja, gegen Jucken... Die Salbe wirkt doch nicht nur gegen Fußpilz, oder?"

A: „Nein, sie wirkt gegen verschiedene Pilzinfektionen. Sie wird zum Beispiel auch bei Scheidenpilz eingesetzt."

K: „Genau, dagegen wollte ich sie auch nehmen."

A: „Meist betrifft die Pilzinfektion aber nicht nur das Äußere, sondern auch das Innere der Scheide. Ich empfehle Ihnen, auf jeden Fall gleichzeitig auch Scheidenzäpfchen anzuwenden. Kennen Sie die Beschwerden? Haben Sie häufiger Probleme?"

K: „Ja, ich war damit schon ein paar Mal bei meiner Ärztin, aber sie hat gesagt, das nächste Mal könnte ich es ruhig selbst behandeln."

A: „Dann kennen Sie sich ja schon aus. Hat die Ärztin auch schon mal mit Ihnen darüber gesprochen, wie Sie solche Infektionen verhindern können?"

K: „Nein, das noch nicht. Was kann ich denn noch machen. Diese Beschwerden sind ja ziemlich lästig!"

A: „Also wichtig ist es, sich nur mit Wasser oder eventuell mit milden Waschlotionen zu waschen. Dann können Sie gleich im Anschluss an die Behandlung mit dem Canesten diese Zäpfchen anwenden. Sie enthalten Vitamin C. Sie bewirken, dass das Scheidenmilieu sich so stabilisiert, dass Sie vor weiteren Infektionen geschützt sind."

Zusatzempfehlung bei Vaginalmykose	Nutzen
Clotrimazol-Vaginaltabletten (Canesten® Gyn Kombipackung)	Zur Behandlung außerhalb und innerhalb der Scheide
Nystatin (Nystatin Lederle® Kombipackung)	Bei wiederholter Behandlung zum Wechsel des Antimykotikums
Povidon-Iod (Traumasept® Vaginalovula)	Als fungizid wirksames Antibiotikum auch bei Superinfektionen wirksam
Lactobazillen (Vagiflor® Vaginalsuppositorien) oder Ansäuerung der Vaginalflora (Vagi-C®)	Zur Stabilisierung der Vaginalschleimhaut, zur Prophylaxe bei gefährdeten Patientinnen
Mittel zur Immunstärkung (Echinacin®)	Bei wiederholter Vaginalmykose zur Verbesserung der Abwehr
Geeignete, schonende Intimhygiene (Lactacyd® femina, Dercome® femme)	Um die Vaginalflora intakt zu lassen, als Schutz vor Pilzinfektionen
Arztbesuch	Zur Absicherung der Diagnose, bei Differentialdiagnosen gezielte Therapie
Eigene Ideen:	
Empfehlung zu Vaginalmykose - bei der Verordnung von Immunsuppressiva - bei der Verordnung von Antibiotika - bei Diabetikerinnen	

VENENSCHWÄCHE

K: „Ich hätte gerne Venoruton®-Salbe."

A: „Brauchen Sie sie zur Behandlung von schweren Beinen?"

K: „Ja, ich habe Probleme mit Krampfadern. Aber mit der Salbe komme ich ganz gut zurecht."

A: „Die Salbe wirkt ganz gut bei oberflächlichen Venenbeschwerden. Sie kommt natürlich nicht an die tieferliegenden Stellen. Haben Sie schon einmal daran gedacht, den Wirkstoff in Tablettenform einzunehmen?"

K: „Ja, aber mein Arzt hat gesagt, das bringt sowieso nichts. Er hat mir ja diese Kompressionsstrümpfe aufgeschrieben, aber das Rezept habe ich gar nicht erst eingelöst. Diese dicken Gummistrümpfe trage ich ja sowieso nicht."

A: „Da hat Ihr Arzt aber genau das Richtige getan: als erstes empfehle ich Ihnen ebenfalls Kompressionsstrümpfe. Die sind heute nicht mehr so starr und hässlich wie noch von zehn Jahren, sondern lassen sich angenehm tragen. Damit sind Ihre Venen entlastet. Zusätzlich können Sie dann zur Stärkung Ihrer Venen Rosskastaniensamenextrakt in Form von Dragees oder Kapseln einnehmen. Durch Einmassieren der Venensalben können Sie dann noch zusätzlich Ihre Venen entlasten und den Rückstrom zum Herzen verbessern."

Zusatzempfehlung bei Venenschwäche	Nutzen
Venensalben (Antistax®, Venostasin®, Sanaven®, Venoruton®), kühlende Beinsalben (Venostasin® Fresh Gel)	Zur subjektiven Symptomlinderung, durch zusätzliche Massage kurzfristig verbesserter Rückstrom
Pflanzliche Ödemprotektiva (Phlebodril®, Reparil®, Venoruton®)	Zur Erhöhung der Venenelastizität, zum Abschwellen der Beine, zum Ausschwemmen der Ödeme
Kompressionsstrümpfe (Belsana®, Varilind®)	Zur Erleichterung des Rückflusses des Blutes, zur Verhinderung von Wassereinlagerung in den Beinen, gegen schwere Beine
Gele, Salben, Sprays mit Antiphlogistika (Voltaren® Schmerzgel, Ibutop®, Mobilat® Schmerzspray)	Zur Behandlung von Venenentzündungen, gegen Schmerzen und Entzündungen der Venen
Entwässernde Tees mit Brennnesselkraut, Birkenblättern	Zum Ausschwemmen von Ödemen
Gewichtsreduktion	Zur Entlastung der Venen
Raucherentwöhnung	Zur Verbesserung der Gefäßdurchblutung
Aescin, ASS oder Heparinisierung bei langen Reisen, z. B. Flugreisen	Zur Vermeidung von Thrombosen
Langes Stehen oder Sitzen vermeiden, häufiges Hochlagern der Beine, Bewegung der Zehen	Zur Betätigung der Beinmuskelpumpe, um durch die Beinmuskulatur, den Rückfluss des Blutes zu verbessern
Eigene Ideen:	
Empfehlungen zu Venenschwäche - bei Kunden, die stehende Berufe ausüben - bei Patienten, die längere Reisen planen	

VERSTOPFUNG

K: „Ich hätte gerne Laxoberal®-Tropfen."

A: „Tropfen zum Abführen, nicht wahr? Kommen Sie gut damit zurecht?"

K: „Ja, ja, ich weiß, dass ich sie nicht oft nehmen soll. Ich nehme sie auch nur in Ausnahmefällen."

A: „Das haben wir Ihnen schon oft gesagt, oder? Nach drei, vier Tagen ohne Stuhlgang können diese Tropfen gut eingesetzt werden. Häufiger als alle zwei Wochen sollten Sie sie aber auf keinen Fall gebrauchen, weil sonst der Darm noch träger wird und nur darauf wartet, mit diesen Tropfen bewegt zu werden. Sie wissen sicherlich, was Sie sonst noch machen können?"

K: „Ja, klar, ballaststoffreiche Kost und so. Ich esse nur noch Vollkornbrot und trotzdem bewegt sich bei mir nichts."

A: „Sicherlich versuchen Sie auch viel zu trinken im Verlauf des Tages? Stellen Sie sich jeden Morgen drei Flaschen Wasser hin, die Sie im Laufe des Tages austrinken wollen. Hilfreich ist es, zusätzlich ein Ballaststoffgranulat einzunehmen. Das ist wirksamer als Vollkornbrot. Vielleicht kennen Sie es ja schon. Ich empfehle Ihnen dieses Flohsamengranulat. Es wirkt ähnlich wie Leinsamen, dadurch dass es im Darm quillt und den Darm dadurch zu eigener Bewegung anregt. Es wirkt aber deutlich stärker. Wenn Sie hiervon einen Beutel täglich in einem großen Glas Wasser trinken, kann sich Ihr Stuhlgang in wenigen Tagen normalisieren. Wenn Sie die Laxoberal®-Tropfen zusätzlich mitnehmen wollen, denken Sie daran, sie wirklich nur im Notfall einzunehmen. Warten Sie ruhig zwei, drei Tage ohne Stuhlgang ab."

Zusatzempfehlung bei Verstopfung	Nutzen
Antiresorptive oder hydragoge Laxantien (Laxopol®, Dulcolax®, Laxoberal®)	Zur schnellen Darmentleerung nach tagelang ausbleibendem Stuhlgang, zur Verhinderung eines Darmverschlusses
Quellmittel mit niedrigem Quellvermögen, wie Leinsamen, Weizenkleie, Haferkleie, oder hohem Quellvermögen, wie Flohsamen oder Macrogole (Flosa®, Mucofalk®)	Zur Darmfüllung und Auslösung natürlichen Reizes auf den Darm, sich zu bewegen. Zur Beschleunigung der Darmpassage und regelmäßigen Darmentleerung und Erleichterung des Stuhlgangs
Lactulose (Bifiteral®, Lactulose Neda®)	Zur Erweichung und Vermehrung des Darminhalts, um den Stuhlgang zu erleichtern
Glycerol-Zäpfchen (Glycilax®)	Zur Entleerung des Darms bei gefülltem Enddarm, zur Erweichung des Stuhlpfropfs
Ballaststoffreiche Kost, ausreichende Flüssigkeitszufuhr, körperliche Aktivität, Bauchmuskelübungen, Bauchmassage, warme Bauchwickel Erwartungshaltung normalisieren Absetzen aller regelmäßig eingesetzten kurzwirksamen Laxantien	Zur natürlichen Regulierung der Darmbewegung, für den Weg zu normalem Stuhlgang ohne weitere Abführmittel
Eigene Ideen:	
Empfehlung zu Verstopfung - bei Patienten, die mit starken Schmerzmitteln behandelt werden - bei Patienten mit eingeschränkter Mobilität - bei Patienten mit ungesunder Lebenshaltung, Fast-Food	

WECHSELJAHRESBESCHWERDEN

K: „Ich habe hier ein Rezept über Liviella®."
A: „Hier bitte schön, Ihre Hormondragees. Kommen Sie denn gut damit zurecht oder spüren Sie noch irgendwelche Beschwerden durch eine Hormonumstellung?"
K: „Nein, Beschwerden habe ich keine mehr, seitdem ich die Hormone bekomme. Allerdings weiß ich nicht so recht, ob diese Hormone denn notwendig sind. Der Arzt hat mir heute gesagt, ich solle mal darüber nachdenken, sie in den nächsten Monaten abzusetzen. Was halten Sie davon?"
A: „Heute ist man vorsichtiger im Einsatz von Hormonen als noch vor ein paar Jahren. Natürlich werden in der ersten Zeit wieder ein paar Symptome auftreten. Aber für alle Beschwerden gibt es milde, gut verträgliche Mittel, die Sie hier unterstützen können. Gegen Hitzewallungen zum Beispiel werden pflanzliche Mittel eingesetzt, die am besten helfen, wenn Sie frühzeitig mit der Behandlung beginnen. Sie könnten also schon jetzt mit der Einnahme anfangen, wenn Sie planen in ein oder zwei Monaten die Hormone abzusetzen. Gegen innere Unruhe und depressive Verstimmungen gibt es zum Beispiel Johanniskrautpräparate, die sich in der Therapie schon seit langem bewährt haben. Und wenn Sie dann mit einer gesunden Ernährung und reichlich Bewegung gesund leben, sollten Sie die Hormonumstellung leicht hinnehmen."

Zusatzempfehlung bei Wechseljahresbeschwerden	Nutzen
Pflanzliche Isoflavone, wie Cimicifuga (Remifemin®), Soja-Extrakt (Alsifemin® Klima Soja), Rotklee-Extrakt (Menoflavon®)	Zur Normalisierung aller klimakterischer Beschwerden durch Hormonähnliche Pflanzeninhaltsstoffe
Johanniskraut (Felis®, Neuroplant®, Jarsin®)	Zur Behandlung einer begleitenden depressiven Verstimmung, zur Umbewertung der Wechseljahrssymptome
Gleitgel (KY-Femilind®, Gleitgelen®)	Zur Überwindung von Trockenheit der Scheide, vor allem beim Intimverkehr
Verbesserung der Vaginalflora mit Hilfe von Milchsäurebakterien (Vagiflor®) und Vitamin C (Vagi-C®)	Zur Vermeidung wiederkehrender Vaginalinfektionen
Gesunde abwechslungsreiche Ernährung, ausreichende Flüssigkeitszufuhr	Zur Vermeidung von Mangelerscheinungen
Calcium- und Vitamin-D-Substitution (Calcium-Sandoz® D Osteo)	Zur Vorbeugung bzw. Behandlung von Osteoporoseerscheinungen
Entspannungsmethoden (Yoga, autogenes Training)	Zur Beeinflussung der Körperwahrnehmung, zur Verbesserung des psychischen Erlebens
Regelmäßige sportliche Betätigung, eventuell Beckenbodentraining	Zur Vermeidung von Herz-Kreislauferkrankungen, zur Verbesserung der Knochendichte, der Beweglichkeit, der eigenen Körperwahrnehmung, zur Vorbeugung von Inkontinenz
Regelmäßige gynäkologische Untersuchungen	Zur Vermeidung von Organ- und Gewebeveränderungen
Eigene Ideen:	
Empfehlung zu Wechseljahrsbeschwerden - bei Patientinnen im Klimakterium - bei Frauen mit Hormonersatztherapie - bei Patientinnen mit wiederkehrenden Vaginalinfektionen	

WUNDVERSORGUNG

K: „Ich brauche ein Pflaster. Mein Kind hat sich gerade zu Hause das Knie aufgeschlagen."

A: „Ist auch Dreck in der Wunde? Dann sollten Sie die Wunde zunächst versuchen zu reinigen und dann zu desinfizieren. Die beste Wirkung haben Iod-Lösungen, vielleicht haben Sie die ja noch zu Hause?

Dann können Sie die Wunde mit einem Pflaster abkleben. Wenn die Wunde sich nicht entzündet, können Sie ein wasserfestes Gelpflaster verwenden. Darunter heilt die Wunde besonders gut. Wenn die Stelle fast verheilt ist und Schorf die Wunde verdeckt, können Sie Wundcremes verwenden, die die Stelle geschmeidig hält und der Schorf nicht immer wieder aufreißt."

Tipps für die Praxis:

Nennen Sie den Nutzen statt die Inhaltsstoffe!

■ Die Frage „Gibt es etwas Besseres?" führt uns schnell dazu, die Inhaltsstoffe zu begutachten und mit anderen Präparaten zu vergleichen. Als Ergebnis dieser Überlegung halten Sie einen Vortrag über die Wirkstoffe und Dosierungen. Das hilft keinem weiter.

■ Fragen Sie nach, wofür die Kundin es möchte, was sie vom Mittel erwartet, welche Sorgen und Nöte sie hat. Dann können Sie ihr am Ende die Empfehlungen geben, die ihr helfen können.

Zusatzempfehlung bei Wundversorgung	Nutzen
Desinfektionsmittel (Betaisodona® Lösung, Hansamed® Wunddesinfektionsspray)	Zur Desinfektion, um eine problemlose Wundheilung zu ermöglichen
Wundverschluss je nach Art und Größe der Verletzung (sterile oder unsterile Kompressen, sterile oder unsterile Pflaster unterschiedlicher Größe, Mullbinden)	Zum Abdecken einer Wunde, zum Schutz der Wunde vor Verunreinigung
Klammerpflaster (Porofix®, Leukostrip®)	Für klaffende Wunden, wenn ein Arzt zum Nähen der Wunde nicht erreichbar ist
Sprühpflaster (Hansaplast® Sprühverband)	Zum Abdecken oberflächlicher Schürfwunden
Wundbenzin	Zum Ablösen der Reste von Pflasterklebern
Duschfolie fürs Waschen	Um die Wunde vor Wasser zu schützen
Narbenreduktionspflaster (Hansamed®), Narbensalben (Contractubex®, Kelofibrase®)	Zur Narbenpflege, um einen guten Wundverschluss zu erreichen
Erste-Hilfe-Koffer bzw. Kasten	Um für alle zukünftigen Unfälle gerüstet zu sein
Eigene Ideen:	
Empfehlung zu Wundversorgung - bei der Urlaubsplanung, bei der Zusammenstellung einer Reiseapotheke - bei der Zusammenstellung einer Hausapotheke - bei einer Familie mit kleinen Kindern im Haushalt, bei Großeltern, die ihre Enkelkinder zu Besuch haben - bei Sportlern	

ZAHNSCHMERZEN

K: „Einmal Aspirin®, bitte."

A: „Sie kennen das Mittel bestimmt schon? Kommen Sie gut damit zurecht?"

K: „Ja, normalerweise nehme ich es gegen Kopfschmerzen. Dagegen hilft es mir immer gut. Jetzt kaufe ich es für meinen Mann. Der war gerade beim Kieferchirurgen und wir haben kein Schmerzmittel mehr im Haus."

A: „Aspirin® ist ein gutes Mittel gegen verschiedene Arten von Schmerzen. Aber Sie wissen bestimmt, der Wirkstoff hat gleichzeitig einen Einfluss auf die Blutgerinnung. Er verhindert, dass das Blut in den Gefäßen zusammenklumpt. Das ist ja im Prinzip sehr gut, aber nach einer Zahnoperation ist ja eine Wunde entstanden, die sich schnell verschließen muss. Hier sollte Ihr Mann möglichst kein Schmerzmittel nehmen, was die Blutgerinnung hemmt."

K: „Da haben Sie recht! Gut, dass Sie das sagen. Dann nehme ich das, was Sie mir empfehlen."

Tipps für die Praxis:

Unterstützen Sie Ihr Gedächtnis!

- Führen Sie eine Liste von gelungenen Zusatzempfehlungen. Hängen Sie sie dahin, wo Sie oft vorbeigehen, um schnell etwas dazu zu schreiben. Halten Sie fest, was der Kunde ursprünglich wollte und was Sie ihm empfohlen haben. Wenn die Liste aushängt, kann jeder andere Mitarbeiter sich einen Überblick über gute Zusatzempfehlungen verschaffen. Zusätzlich kann sie zu jeder Teamsitzung als Diskussionsgrundlage für weitere Empfehlungen dienen.

Zusatzempfehlung bei Zahnschmerzen	Nutzen
Nach erfolgtem operativen Eingriff Eiskompresse, evtl. Mulltupfer	Zur Verringerung der auftretenden Schwellung, zur zügigen Blutstillung
Bei Zahnfleischentzündungen anästhesierende Mundgele, Myrrhentinktur (Dentinox® Gel, Kamistad®, Dynexan® A Gel)	Symptomatisch gegen Schmerzen und Entzündung
Bei Zahnfleischentzündungen desinfizierende Gurgellösungen (Hexoral®, Chlorhexamed®)	Ursächlich gegen die Infektion
Zahnbürste, Zahnzwischenraumbürsten, Zahnseide, Zahnpasta. Fluoridhaltige Zahnspüllösungen (Meridol®, Elmex® Kariesschutz)	Prophylaktisch gegen Karies und Zahnfleischentzündungen
Zahnarztbesuch	Zur ursächlichen Behandlung der Schmerzen
Regelmäßige, intensive Zahnreinigung, regelmäßige Zahnarztbesuche, evtl. professionelle Zahnreinigung	Prophylaxe von Zahn- und Zahnfleischerkrankungen
Eigene Ideen:	

Tipps für die Praxis:

Zum krönenden Abschluss

■ Wenn Sie dem Kunden gut zugehört haben, wenn Sie Ihr Warenlager gut kennen und wissen, was gut für diesen Kunden ist, dann wird Ihre Zusatzempfehlung bereitwillig angenommen. Freuen Sie sich mit ihm:

- „Damit haben Sie jetzt alles, was Sie brauchen, um schnell wieder gesund zu werden."

■ 20 % aller Zusatzempfehlungen führen zum Verkaufsabschluss.

■ Nicht alle Ihrer Empfehlungen führen zum Zusatzverkauf. Denn vielleicht möchte der Kunde Ihre Hilfe doch nicht. Freuen Sie sich mit Ihrem Kunden, auch wenn er ablehnt:

- „Schön, dass Sie das nicht brauchen. Dann sind Sie schon rundum versorgt!"